文春文庫

箱根駅伝を伝える

テレビ初の挑戦

原島由美子

文藝春秋

目次

単行本　二〇〇七年十二月　ヴィレッジブックス刊
文庫化にあたり『「箱根駅伝」不可能に挑んだ男たち』
より改題し、加筆・修正をしました。
本文デザイン・作図　中川真吾
DTP制作　エヴリ・シンク

テレビ初の挑戦

箱根駅伝を伝える

RELAY BROADCAST OF EKIDEN

「箱根駅伝」とは

関東学生陸上競技連盟加盟大学のうち、前年大会でシード権を獲得した上位10校と、10月の予選会を通過した10校、および関東学生連合を加えた合計21チームが出場します。関東学生連合チームは予選会を通過しなかった大学の記録上位者から選ばれます（1校1人まで。タイムは参考扱い）。

東京・読売新聞社前〜箱根・芦ノ湖間を往路5区間（107.5km）、復路5区間（109.6km）の合計10区間（217.1km）で競う、学生長距離界最長の駅伝競走です。

「東京箱根間往復大学駅伝競走公式サイト
（www.hakone-ekiden.jp）」より
（2024年3月現在）

プロローグ

「こんなスポーツが、こんな大会があったのか……」

1964年1月3日。

日本テレビの新入社員・坂田《さかた》信久《のぶひさ》は、東京にある大手町のオフィス街で感動に心を震わせていた。

「新入社員は『箱根駅伝』の取材をするべし」という会社の慣習に従って、坂田は正月の寒空の下、復路のゴール地点である読売新聞社前に来ていた。

目の前でトップの選手が優勝のテープを切った。

大会史上最短の13秒差で中央大学が日本大学を下し、史上初の6連覇を達成したところだった。

第1章　箱根駅伝に魅せられて

「箱根駅伝」との出会い

坂田信久は前年の春、日本テレビ放送網（以下、日テレ）にディレクターとして入社していた。報道部運動課の新人はみな、箱根駅伝を取材するのが習わしとなっていた。初めて取材をした1964年（昭和39年）は、記念すべき第40回大会とあって、その当時の参加チーム15校に加え、関西からは立命館大学、九州からは福岡大学が参加。翌年マラソンの世界最高記録（当時）を出した福岡大学の重松森雄《しげまつもりお》、中央大学の碓井哲雄《うすいてつお》、オリンピックのマラソン代表にも選ばれた日本大学の宇佐美彰朗《うさみあきお》、順天堂大学の澤木《さわき》啓《けい》祐《すけ》などスター選手も参加する中、華々しく開催された。

天気にこそ恵まれなかったものの、全10区のうち6区で24人が区間新記録を出すなど、見ごたえあるレースが展開された。

坂田が特に心揺さぶられたのは、一番の注目株だった順天堂大の澤木にまつわる話だ。

高校時代から「日本陸上界を背負って立つ」と期待されていたエースの澤木だったが、「花の2区」と称される2区でまさかの大ブレーキがかかり、15位に沈んでしまった。

「何があったんだろう」

ゴール後、順天堂大監督・帖佐寛章《ちょうさひろあき》が報道陣に打ち明けたのは、驚くような話だった。大会前夜、澤木は監督に「明日は走れそうにありません」と訴えたという。坐骨神経痛が、治り切っていなかったのだ。

その整った風貌や実力から、「陸上界のプリンス」と呼ばれていた澤木だった。自分が活躍することで、5連覇中で黄金時代を迎えていた中央大をなんとしても打破したい。しかし満足に走ることができなければ、かえってチームに迷惑がかかってしまう。じっくり考えた末に出した、苦渋の選択だった。他の部員はこの事態に気づいていなかった。

悩んだ末に帖佐監督は、レース当日の朝、澤木にこう伝えた。

「澤木、お前はチームのエースであり、精神的支柱だ。長距離界で、日の丸を背負っていく選手でもあるんだ。だからこそ4年間、2区を走る責任とともに成長してほしい。走らなくてもいい。歩けるか？」

優勝を犠牲にしても、あと2年間大学生活が残っているエース・澤木の存在、誇り、そして男の意地にかけた。

「箱根の2区はエースの証。責任感が違う」

澤木は監督の熱い思いと、自分の宿命とを受け入れた。本来の実力とはかけ離れた成績ながらも必死にタスキをつなぎ、順天堂大は堂々5位に入った。

中学時代からずっとサッカー漬けで、箱根駅伝どころか陸上競技はまったく未知の世

界だった坂田だが、

「順天堂は澤木をエースとして育てて初優勝を目指すのか」

「そのエースが選手生命をかけて走るほど、『箱根駅伝』は重みがあるものなんだ」

と、心底しびれてしまった。

正月が明けても、その興奮は冷めない。初出勤してきた先輩たちへ大真面目に声をかけた。

「箱根駅伝をぜひ中継しましょうよ！　すごいイベントじゃないですか」

「何を言っているんだよ、できるわけがないだろう」

予想外に、先輩たちからは即、却下された。

「そんなことは、『中継技術』のことが少しは分かるようになってから言いなさいよ」

苦笑されたり、あきれられたり。まったく相手にされなかった。

その当時箱根駅伝を全国放送していたのは、日本放送協会（以下、ＮＨＫ）だった。もちろんテレビではなく、ラジオでの中継だ。歴史は古く、第29回（１９５３年）から放送は始まっている。ラジオ第1放送により、往路を午前8時のスタートから3部に分けて中継。復路は昼のニュースをはさみ、２部に分けて中継していた。

60年代になっても、箱根駅伝を中継しようと考えるテレビ局は皆無だった。無理もない。技術もノウハウもなかったからだ。

NHKは64年秋の東京オリンピックで、オリンピック史上初めて世界にマラソンを完全中継した。長丁場の映像を送る電波を受けて伝送するため、自衛隊のヘリコプターを特別に借りての中継だった。

箱根駅伝で選手が走る距離は、往路復路を合計して213・9キロもある（現在は217・1キロ）。マラソンの約5倍だ。さらに箱根の山岳部での高低差は、約900メートルに及ぶ。当時のテレビ局にとって、音声と映像を切らさずに長時間のロードレースを生中継するなど、まったくの夢物語だった。

それでも坂田は、心の中で誓っていた。

『いつかきっと、箱根を中継してみせるぞ』

坂田は入社前、日テレの創業者である正力松太郎に挨拶したときのことを思い出していた。正力に坂田は、こうはっぱをかけられた。

「日本テレビはテレビのパイオニアであることを忘れるな。視聴者が求めてくることだけではなく、まだ送り出せていないことをやれ」

順天堂大の澤木はその後、2回2区を走った。5000メートルの日本記録保持者となった大学最後の箱根では、宇佐美に3分4秒の大差をつけて区間新記録を樹立。箱根駅伝への参加9年目だった順天堂大に、11時間20分1秒という大会新記録というおまけつきでの初優勝をもたらした。坂田はラジオに耳を傾けながら、喜びに沸く順天堂大の様子に思いをはせていた。

80年代当時の放送業界

日本テレビは53年8月に国内で最初に開局した民放テレビ局である。開局翌日に最初に放送したのが、後楽園球場で開催された巨人対阪神戦のナイター中継だった。以来、ボクシング、プロレス、ゴルフの試合を次々と中継。まだ一般家庭にテレビが普及する以前から街頭テレビなどを通じて、視聴者に「スポーツの日テレ」というイメージを植えつけるのに成功していた。

しかし、80年代に入ると状況は一変した。「オレたちひょうきん族」といったお笑い番組を中心にバラエティで成功したフジテレビや、「金曜日の妻たちへ」など大ヒットドラマを連発したTBSに視聴率争いで後塵を拝していた。

しかし、スポーツ番組制作部門は、相変わらず元気だった。読売サッカークラブ（現・東京ヴェルディ）の1期生でもあった坂田は、プロデューサーという役職につくと、まずは愛するサッカーの大会中継を企画した。全国高校選手権大会やジャパンカップ（現・キリンカップ）、トヨタカップ（現・FIFAクラブワールドカップ）といった名だたる大型番組を企画・制作していったのだ。

坂田は、78年に広告代理店と日本陸上競技連盟より「国内初の女子マラソンを中継してくれないか」と打診されていた。しかし当時は女子のマラソン選手が少なかったことや、ロードレース中継の経験がなかったため、時期尚早であると断ってしまった。

79年の正月には、坂田を慌てさせる事態が起きた。東京12チャンネル（現・テレビ東京）が、民放としては初めて箱根駅伝を「中継」したのである。9区までは録画編集で、10区のゴール部分だけを生中継したものだったが、立派な出来だった。ラジオのみで箱根駅伝を放送しているNHKも、テレビ生中継に興味を示しているらしいとの情報も耳にした。

「僕は15年前から企画を温めていたのに。これは、うかうかしてられないぞ」

更に、ライバルであるテレビ朝日が「第1回東京国際女子マラソン」を中継。高視聴率を取り、負けん気の強い坂田を大いに刺激した。

「ロードレースの中継技術を、うちも身につけておかないとだめだ」

70年代初頭にはNHKによる「福岡国際マラソン」と「びわ湖毎日マラソン」の2つだけだったロードレースのテレビ中継だが、80年代に入ると、民間放送局の技術力の進歩と視聴率の良さから、その数は次々と増えていった。

79年、日本テレビは「北海タイムスマラソン」の放送権を獲得した。後に日本がボイコットすることになるモスクワオリンピックの代表選手が出場する予定だったからだ。

坂田は大会前に、NHKのスポーツ担当プロデューサー、杉山茂《すぎやましげる》へ電話をかけて、こ

う お願いした。

「ロードレース中継の技術を教えていただけませんか」

唐突な打診だったにもかかわらず、杉山は快諾してくれた。

NHKと日本テレビは同じ業界の競合同士とはいえ、立場が違う。それに76年のモントリオールオリンピックからNHKと民放が手を組んで五輪の国内向け放送権を共同で獲得し、放送番組を共同制作する「ジャパン・コンソーシアム（JC）」（92年バルセロナオリンピックまでは「ジャパン・プール」）という仕組みが始まっていた。スポーツ中継でのぎすぎすした競争関係はなくなりつつあった、という時代背景も後押ししたのだろう。

まずは事前にどういうコースなのか、どんな建物がどこにあって電波送受信の障害になりそうか、事前に入念に調べ、頭に叩き込んでおくこと。そして往復で同じ道を折り返す場合、往路は右から左へ、復路は左から右へ流すために、どんな位置にカメラを置き、どういう視点から撮影するのがいいのか。

「サッカーや野球などボールゲームは画面にボールとボールにからむ選手が映っていれば100点だが、マラソンや駅伝などは長時間、長距離で全選手に、各ポイントにドラマがある」。例えば首位交代と、いわゆるブレーキや棄権などのアクシデントが同時多発的に起きた場合、優先順位はどうするか。

後方の注目選手にそうしたアクシデントがあった場合、中継車が急行するのか、公道に据えた固定カメラでカバーできるのか。目まぐるしく状況が変化していく中、その場その場で素早く、的確に判断し、指示を出さねばならない。

坂田と日テレの同期で中継技術の中心だった大西一孝《おおにしかずたか》テクニカル・ディレクターはともに、杉山からこうした陸上の長距離中継の概論などを学んだが、「飲み込みはさすがに早かった」。それからロードレースの中継現場を見学させてもらうなどして、初のロードレース中継へ向けての準備を着々と進めていった。

中継のパートナー選び

81年には第1回「東京国際マラソン」を中継するという成果を見せた坂田だったが、そこでプロデューサーを務めた坂田は、ある抜擢をした。まだ入社2年目だった社員を、移動中継2号車のディレクターに選んだのだ。

この青年こそが、のちに「箱根駅伝」の初中継で総合ディレクターを務め、類まれなる才能を見せた田中晃《たなかあきら》だ。

早稲田大学第一文学部（現・文学部）演劇科出身の田中は、「傷だらけの天使」「前略おふくろ様」といったドラマを作りたくて79年、日テレに入社。

田中の意に反して、配属先は運動部だった。運動部にとって田中は、９年ぶりの新入社員だった。上司は部の体育会系体質を懸念し、部員たちに、『ああしちゃだめ、こうしちゃだめ』と細かく制限せず、しばらく温かく見守ろう」と言い含めていた。それに対し、「何様がやってくるんだ」という反発もあったという。

しかし、田中に仕事をさせてみると、ニュース原稿の書き方から映像編集の仕方まで、入社当時からセンスを感じさせた。確かにいいのが入ってきたぞ、と坂田は納得した。坂田と田中の二人は、トヨタカップやプロ野球をはじめ、数多くのスポーツ中継で息のあったコンビを組むようになっていった。

ロードレース人気もようやく高まりつつあった83年。日テレは開局30周年記念番組となる企画を社内で募集、坂田が企画した「横浜国際女子駅伝」の中継が採用された。これは、世界で初となる「駅伝」国際大会だった。５年後は開局35周年となる。おそらく会社は、再び記念番組を募集するだろう。ならばそろそろ「箱根駅伝」に挑戦しようではないか。

坂田は本気で検討を始めたが、42・195キロのマラソンは中継できても、延べ200キロを超す距離と冬の箱根の山を克服することは、やはり技術的に不可能に思えた。

坂田は84年夏のロサンゼルスオリンピックに、日テレの取材チームの団長として参加した。中継技術を磨くため米国で1年間の研修をしていた大西も、それに加わった。

一方、田中は「ジャパン・プール」の一員として、オリンピックに参画していた。

仕事の合間に坂田は、同期で気安い仲だった大西に語りかけた。

「僕、箱根駅伝をやってみたいんだよねえ。すごい戦いなんだよ」

「えっ、箱根駅伝？　本当に？　……でも、面白そうだね」

このとき、優秀な技術者である大西が「箱根の中継は、技術的に無理だ」と頭から否定しないでいてくれたことを、坂田は胸に刻み込んだ。


プロ野球中継といった通常業務とは別に、坂田は箱根駅伝中継に向けて個人的に事前調査を開始していた。休日を使ってコースを歩いてみたり、箱根路を走った元選手や関係者を取材したり。日本陸上競技連盟の専務理事になっていた帖佐らの協力もあり、２年間で約１００人もの人々から過去の駅伝の様子を聞き取っていった。

元選手の10人に９人は、思い出話をしているうちに、ふと目を赤くした。何十年も昔の話なのに、まるでつい最近のことのように話す人もいた。タスキをつなぎ切れなかった人に電話をしたところ、「箱根のことは、思い出したくもありません！」といきなり切られたこともあった。

「今まで中継してきた他のスポーツとはちょっと違うようだ。自分が思っていたよりも、何かずっと重みがあって、強烈なものを心に残す大会なのではないか」

１９２０年（大正9年）から始まり、太平洋戦争をはさんでもずっと存続してきた大会だ。84年の第60回大会までで、８０００人近くもの選手が走っている。調べれば調べるほど、興味深い話、感動的な話など、様々なエピソードがこぼれ出てきた。

箱根駅伝は、ひとの人生に大きな影響を与えている。坂田は、その大きさに惹かれ、前へ前へと進んでいった。まるで奥深い箱根の山へ、いざなわれるように。

許可を得るまでの戦い

85年末、坂田は全国高校駅伝を取材した。優勝した兵庫県の報徳学園の全選手が、「次の目標は箱根です！」と宣言したのを聞き、「やはり、やるしかない」と決意を固めた。

箱根駅伝の中継を実現するには、克服すべき課題が多かった。テレビ番組を作るには「制作サイド」と「技術サイド」が協力し合わなくてはならない。いくら制作サイドが面白い企画を立てたとしても、技術的に不可能であれば、番組は作りえない。

大西が米国留学でいなかったため、坂田は制作技術局長に相談してみた。彼は箱根駅伝に興味を示してくれ、ベテランのテクニカル・ディレクターを紹介してくれたのだが、しばらくすると前言を撤回した。

「坂田くん、箱根はあまりにリスクが高い。やめようよ」

技術の責任者としては、当然そう言わざるをえない。今ほど機材が発達していない、アナログの時代だ。一人のカメラマンと1台のカメラがあれば可能な「録画中継」に比べ、「生中継」をするには比較できないくらい多くのスタッフとカメラが必要になる。

しかもあの曲がりくねった山道が続く箱根の山では、映像を送る「マイクロウェーブ（「電波」のこと。テレビ業界では『マイクロ』と略す）」をまともに飛ばせるはずもない。マイクロは直進するため、建物や木など、少しでも障害物があると通らなくなる。だからこそ、箱根のように険しい山が続く地域での生中継は非常に難しい。しかし、テレビで映像が途切れてしまうことは、絶対に許されないことだ。その責任を負うのは技術サイドになる。生中継ではありがちな放送事故でも、箱根に限っていえば、起こる可能性が30％はある。その箱根の山を、彼は不安に思ったのだ。

可能性が一度消えたくらいでは、坂田はへこたれなかった。技術的な問題さえクリアになれば、企画を進められるはずだ。

帰国した盟友・大西とその部下の山中隆吉《やまなかりゅうきち》をつかまえると、それまでの経過を説明した上で、坂田は熱意を込めて訴えた。

「何とかして箱根駅伝をやりたいんだ」

するとと大西はにやりと笑うと、あっさり言ってのけた。

「できないことは、ないよ」

そばで山中も、少年のようなわくわくした表情でうなずいた。

「不可能への挑戦って、面白そうじゃないですか」

中継技術を知り尽くした職人肌の大西と、大学ではボート部だったというガッツのある山中。この二人が賛成してくれるなら、なんとかなりそうだ。「マイクロ」というテレビマンのタスキをつなげるかもしれない。坂田は、希望の光が灯った気がした。

「技術としてできることとできないこと。それが何かを、はっきり示してくれないか」

それを一つ一つクリアしていけばいい。大西と山中は坂田の言葉に力強くうなずいた。

まだ正式に企画は通っていなかったが、その実現に向けて坂田は精力的に動き出した。技術サイドでのパートナーは、大西しかいない。それでは制作サイドのパートナーは誰にしよう。

それまで坂田は、プロデューサーとして局のシフトで決められたディレクターと仕事をしていた。しかし、この実現不可能に思える大事業を実現するためには、求心力があり、制作能力に長《た》けた「ディレクター」というパートナーが必要だ。番組をトータルで管理していくプロデューサーに比べ、ディレクターに求められるのは、具体的に番組を作り上げる力だ。

坂田は、初めて上司に頼み、パートナーを指名した。田中晃だ。一回り以上も年下だが、坂田は彼の仕事ぶりに一目置いていた。

「晃は自分にないものをたくさん持っている。あいつとやったら、きっとうまくいく」

31歳にして総合ディレクターに指名された田中は、話を聞いて率直な感想を述べた。

「箱根の山は、生中継できますかねえ。やれるなら既にNHKがやっているはずです。でも、何らかの形で中継するのは面白いかもしれませんね」

箱根駅伝にはさらに大きな課題があった。刻々と変化する記録と、タスキを受け継いで次々に入れ替わっていく選手たち。そのタイムや順位を速やかに表示するにはどうしたらいいのか。

駅伝にはまた、「繰り上げスタート」という独特の制度もある。箱根駅伝でいえば、東京・箱根間の約100キロを選手たちが往復するわけだが、正月三が日という時期に、この駅伝のために長時間の交通規制をするわけにはいかない。そのため、往路・復路のすべての中継所で、先頭から20分遅れたチームは次の走者を出発させる。ただし、往路の鶴見・戸塚中継所については10分とする。復路スタートは、往路1位のゴールタイムから10分以上かかったチームは8時10分に同時スタートを行う。ただし、往路のタイムをそのまま積算する。

しかしそのために、そのチームの「見た目の順位」と記録上の「実際の順位」が食い違うといったことが起こる。そのようなややこしさを視聴者にどう理解してもらえばいいのか。

そういったシステム作りの研究を、坂田は社外ディレクターの平谷修三《ひらやしゅうぞう》に依頼した。

坂田はそのきびきびとした実務能力を高く評価していた。

かくして、「チーム坂田」はいよいよ動き始めた。

86年の正月にはマイクロバスを調達し、技術局、スポーツ局、アナウンス室といった各部の有志を募り、箱根駅伝を見学に行った。日テレが中心になって中継している「全国高校サッカー選手権」が開催中のため皆多忙な時期であったし、しかもまだ放送できるかどうかも確定していない箱根駅伝だったが、各職場が協力して約40人もの人が集まってくれた。

当時日テレには、沈滞ムードが漂っていた。社員の中には、なんとか現状を打破したいといった渇望があったのだろう。

田中とアナウンサーたちは、箱根駅伝のスタートとゴールの見学を終えるやいなや、高校サッカーの中継のため散っていった。正月早々、自ら志願してのダブルヘッダーだった。

春になって日テレは、87年の第2回「世界陸上競技選手権」ローマ大会の中継権を獲得した。91年に開催される第3回大会の開催地として、東京が選ばれる可能性が大きかった。坂田はこの2つの大会を連続で中継し、第3回は東京から「国際映像」を世界に流したいと思っていた。

そのためには、陸上競技の大きな試合をスタッフたちが体験しておかなければならない。また、「陸上イベントは視聴率が取れる」ということを会社に証明しておく必要もあった。

ならば、開局35周年記念番組として88年の放送開始を念頭に置いていた箱根駅伝を、1年前倒しにして成功させてみせよう。新たな課題が、坂田のリストに加わった。


4月に提出した企画書は、往路・復路それぞれに90分番組を挟み込む4部構成とした。「スポーツドキュメンタリー」と銘打ち、田中だけでなく、一緒に検討を重ねてくれた大西など制作技術局の仲間たちと連名で提出した。

新しい番組企画を心待ちにしていた編成局編成部は喜んでくれたが、役員会は反対した。

「同時期に高校サッカーをやっているんだから、スタッフも機材も足りないだろう」

「他局で派手なバラエティ番組がたくさんあるのに、関東地方の大学生がただ走っている姿で全国の視聴率が取れるわけがない」

「中継技術力が伴わないのに、放送事故があったら経営に大打撃じゃないか」

「CMが集まるのか。膨大な制作費を、きっと回収できないぞ」

企画書は4月、5月の役員会で却下された。それでも坂田はへこたれなかった。却下された理由を、一つ一つ潰していけばいい。企画が通る日が必ず来るはずだ。

「こうなったら社長に直談判しよう！」

坂田は社長室へ押しかけると、高木盛久《たかぎもりひさ》社長（当時）に必死に訴えた。

「15％は視聴率が取れるはずです」

「でも、関東のローカル大会じゃないか。全国の視聴者に見てもらえるのか」

「いいえ、この表を見てください」

ここぞとばかりに、坂田は箱根駅伝の出場選手の出身地をまとめた一覧表を取り出した。首都圏には、全国から学生が集まってくる。2県以外の各都道府県が出場選手を輩出していた。そのことをアピールすれば、きっと郷土の人たちも、甲子園球児のように応援してくれるはずだ。

「しかし、箱根の山中は電波が届かないだろう」

「技術で難しい時は、あらかじめ取材しておいた過去の面白いエピソードを紹介する『今昔物語』といった素材で補います。たとえば、こんな話があるんですよ……」

日本大学が内緒で人力車を引く車夫を選手として起用したものの、他大の選手を抜く際に車夫独特の掛け声を上げたためにばれてしまい、失格になってしまった話。駅伝の交通整理中に思わず選手と一緒に走り始めた若い警官が、箱根を走るために大学に入学し、4年生で2区を走った話……。

大きな目を輝かせながら語り続ける坂田の話に、社長もいつのまにか引き込まれていった。

実はその頃、コースの警備が問題になっていた。交通整理から沿道を埋める観客の整理まで、ロードレースに動員される警察官の数は少なくない。欧米ではその対価として主催者から警備費用を徴収するが、警察が税金で運営されている日本ではそれはできない。このため、民間のイベントへ警察官を投入することに対して批判が高まっていた。

同時に警視庁は、関東学生陸上競技連盟（以下、関東学連）に対し、箱根駅伝のコースの変更を早急に検討するように強く求めていた。正月の三が日に国道を使うレースだったからだ。

関東学連の釜本文男《かまもとふみお》会長や柏倉敬司《かしわくらけいじ》副会長は、中継を熱望する坂田に対してこう言った。

「坂田くん、この1～2年でコースの変更をするか、中止の決定をしなければならないんだ。それでも日本テレビはやってくれるの？」

坂田は驚いた。あの素晴らしいレースは、風光明媚な箱根・湘南・東京間で行われるからこそ見ごたえもある。コースを変えるのは惜しい。ましてや、中止させてはいけない。何とかして伝統を絶やさずにすむ方法はないものか。

そして6月。とうとう役員会側が折れ、箱根駅伝の放送が決定した。

ようやく23年来の夢が叶う。希望に燃え、準備で忙しく立ち働いていた坂田の下へ、ある日年配の社員がやって来た。手には、ぼろぼろになった書類を持っている。「箱根駅伝は素晴らしい大会です、ぜひ中継しましょう！」ガリ版刷りの色あせた企画書には、そんな手書きの文字が躍っていた。

彼は、少し照れながら坂田にエールを送った。

「俺も以前、提案したことがあったんだ。頑張れよ！」

第2章　ゼロからのスタート

マイクロ受信ポイントはどこだ

「スポーツ・ドキュメンタリーにしたいけれど、基本はあくまでスポーツ中継だ。どこの誰が勝っているのか、切れ目なく見せるのが基本だろう」

「東京12チャンネルからコンテンツを奪う形になるのだから、そのまま同じやり方をしたのでは、相手に失礼になる」

　東京12チャンネルはこの年の正月まで箱根駅伝を放送してきた。それは、スタートや途中経過はVTRを編集、最後の鶴見中継所から生中継するという形での放送だったが、13・4％という高い視聴率を得ていた。

「大会名に『箱根』とついているからには、何がなんでも箱根の山岳コースを生中継しないと意味がない」

　それが坂田と田中の制作サイド、そして大西と山中の技術サイドの一致した意見だった。

　トラック競技では、競技場内に設置した固定カメラで主に撮影をする。移動がない分、カメラの数も少なくていい。しかし駅伝やマラソンといった長距離ロードレースになると、固定カメラや携帯カメラ（ENG）だけでは全コースの映像を作ることはできない。

「日本中のテレビカメラを集めても足りないでしょうね」

田中は、ヘリコプターの使用を考えていた。テレビ業界ではヘリコプターのことを「ヘリコ」と略すが、約300メートル上空を飛ぶヘリコには、二つの大きな役割があった。一つは空撮、つまり空の上からレースの模様を撮影する。もう一つは、コース上を走る移動中継車が送り出すマイクロを受信機で受け、送信機で東京の本社や各サブ放送センターへ転送するという重要な役割があるのだ。

日テレでは東京国際マラソンや横浜国際女子駅伝から採用したシステムなのだが、この両レースは距離が42・195キロと短く、しかも都会の中のわりあいと平坦なコースであり、問題は少ない。

一方、「箱根駅伝」は2日間にわたる上、川を渡り、海沿いを行き、そして「天下の険《けん》」と称される険しい箱根の山を含む約214キロ（現在は217・1キロ）のコースだ。特に、第5区（復路では第6区）の小田原から往路ゴール地点の芦ノ湖までは高低差が激しい難所であり、天候もめまぐるしく変化する。箱根はもともと気流の激しいところであるから、晴天でもヘリコが飛ばないことがある。もし強い雨や厚い雲、霧といった気象状況になれば、視界が悪くなるため、ヘリコの使用は絶望的になる。それは、マイクロが途切れ、中継映像が穴だらけになることを意味していた。

技術者らしく何事にも慎重な大西が、過去の気象状況を調べてみた。すると、ほぼ50%の割合でヘリコが飛べそうもない強風が吹いたり雪が降ったりしていることが分かった。

しかし、悪天候だろうが何だろうが、駅伝は行われる。

「ヘリコだけに頼ると、箱根の山の中継は絶対に難しいね。バックアップ用に、地上でマイクロをつないでいくシステムを確立しておかないと」

「好天でも、あの箱根の山の上をヘリコが飛べるだろうか」

「たとえヘリコが飛んでも、山や樹木でマイクロがさえぎられてしまうのでは」

マイクロは直進性があるため、それこそ木の葉1枚に影響を受ける。平地が続く東京地区はともかく、箱根地区の中継は、いくら葉の落ちる冬場のレースとはいえ、やはり無謀に思える。こんなふうに、後から後から疑問や課題が浮かび上がってきた。

「有線」なら何ということもない映像の送信も、「無線」での送信は、それほど難しいことなのだ。だからこそ、技術力と資金力では日テレを上回るNHKでさえ、テレビ中継には手を出さなかったのだろう。

参考にできる過去の実例はない。自分たちで何とか探し、マイクロをつなぐ手立てを作り上げるしかなかった。

久野林道山頂、発見!

まだ青葉が繁らない肌寒い3月。「チーム坂田」は制作技術局のバスを使って箱根を巡っていた。制作スタッフになっていた平谷に加え、平谷の中学生時代からの友人で、坂田とは何度も仕事をして信頼を勝ち得ていた社外ディレクターの竹下洋《たけしたひろし》もメンバーに加わっている。技術スタッフと合わせて10人ほどが、泊まりがけで何度もコースの下見を繰り返していた。

最大のテーマは、ヘリコが使えないことを前提に、移動中継車からのマイクロをどうやって一箇所に集めるかということ。そのためには周囲に障害物がなく、長くコースを見渡せる高台を探し出さなければならない。

しかし敵は、木がうっそうと繁る山だ。そして、108ものカーブが待つコースである。手分けをして、目を皿のようにして探し回っても、見晴らしが良く、マイクロが通りやすく、機材も置けるという適所が見つからない。普段は明るく、よく喋る田中たちも、疲労と絶望感から言葉も途切れがちになっていた。

塔之澤から宮ノ下にかけ、早川をはさんで反対側の山の斜面に、白いガードレールが見え隠れしている。

「あそこに道があるんだ」

町の人に聞いて、早速行ってみた。確かにコースが見渡せる場所があった。しかし……。

「この辺からだと、箱根全体がよく見えるけれど、あの山が邪魔だよなあ」

「どかしたいな」

「爆破しちゃいますか⁉」

「ははは……」

出来もしないことで軽口を叩いた後は、余計に虚無感が漂った。

「……どうするよ」

「どうするよってもねえ」

「もっと高い所からじゃないと駄目だね」

「やっぱり、無理なんじゃないか」

全員うつむいたまま、動かなくなってしまった。

「もっと高い所……」

大平台付近を走るマイクロバスの中から、山中がつぶやいた。

「あー、いいよなあ、あそこ。あんなところなら機材を設置できそうだよね」

「ん？」

他のメンバーもその言葉に顔を上げ、山中の視線の先を追った。

ある山の頂上付近に、木が生えていない山肌が見える。

「あぁ、本当だ。ちょうどうまく、禿《は》げてるね」

それまでは、歩いてしか登れない山の上にマイクロを中継する「中継ポイント」を作ることなど考えてもいなかった。駒ヶ岳から見下ろすと、確かにそこだけ緑の芝を敷いたように見える。大西と山中は、『あそこしかない』と思った。

「じゃあ、行ってみましょうか⁉」

山歩きには自信のある田中が、途端に喜々とした表情を見せた。長野の高校時代には山岳部に所属し、北アルプスをすべて制覇したことがある山登りのスペシャリストだ。

しかし、箱根の地図をいくら眺めても、山中が見つけた「そこ」がどこなのか、どうやったら「そこ」へたどり着けるのかがさっぱり分からない。

まずは田中と山中、そして大西の同期で音声担当の長である大森達雄《おおもりたつお》の3人がそこへ向かった。

林道から、明星ヶ岳に通じる登山道に入る。上り口はあまりに急で滑ってしまう。ほとんど人が歩いていない登山道だ。笹をかき分けながら道なき道をすいすいと登っていく田中の後ろ姿を、山中と大森は必死で追った。

歩く先に、「そこ」があるのかないのか分からないまま、彼らは前に進んだ。

「これは遭難するパターンだ」と田中が危機感を抱いた頃、尾根道の登山道に合流して、視界が急に開けた。しばらく進むと、登山道の右手に開かれた斜面があり、上へと続いている。

「もしかして……」3人の期待は高まった。

たどり着いた山の頂上には、緑の芝生とまではいかなかったが、小涌谷《こわくだに》から宮ノ下、大平台へと続く駅伝のコースが見下ろせる上に、機材を設置するのに充分なスペースがある。自然の展望台だ。

「あ、ここじゃないか。絶対ここだ、さっき見たところだ」

「ああ、この区間は万一ヘリコが飛ばなくても、ここから中継できる」

「ここからのカメラ映像はきっと、すごくいいよ。箱根の山全体が映るね」

一方、大西たちは、成果を挙げられないまま宿へ戻った。ふと気づくと、田中と山中、大森の姿がない。

「3人は、どうしたんだ?」

大西は、先に戻っていたスタッフに問いかけた。

「勝手に山の中へ入っていったまんまです」

どこへ行ったのか、誰も知らない。しかし、心配は無用だった。しばらくすると、3人は意気揚々と戻ってきた。

「見つかりましたよ、いい中継ポイントが!」

「え、どこ⁉」

箱根の地図を開くと、田中は指であるポイントを示した。

「ここです、久野林道から登ったところにある山頂です」

「本当か⁉」

全員の疲れは、一気にふっとんだ。

この貴重な「地上での中継ポイント」の発見を機に、すっかり盛り上がったスタッフは、宿の一室に集まって、中継システム作りの検討に入った。

まず、「二子山」のNTT無線中継所を借り受け、放送中は日テレの箱根地区の放送センターとして使用させてもらい、すべてのマイクロを集めることにする。

そして、ヘリコからのマイクロは、「駒ヶ岳」の山頂に中継ポイントを作り、そこでマイクロを受信することに決めた。マイクロポイントだけではなく、選手を映すカメラの位置も考えねば。湯本、塔之澤、小涌園前などのカメラポイントが、次々と提案された。

会社からわざわざ持ってきたホワイトボードは、それぞれの案を説明する図や文字でいっぱいになった。

翌日もスタッフは早朝からバスで出発した。前日、ようやくの思いで見つけた「久野林道の山頂」を再確認するためだ。

坂田と大西は車の中で待機。他の全員は、田中と山中を先導に、山頂へと進んだ。誰もが急な登り坂に音《ね》をあげた。必死にかき分けて進むうち、ようやく頂上へたどり着いた。

ほっとした顔をしながら竹下が平谷に尋ねた。

「昨日向こうから見えたのは、きっとここじゃないかな」

「たぶん、そうだよね」

　ふと下の方を見ると、登山鉄道の鉄橋が架かっている塔之澤から宮ノ下まで、選手が走るコースがずっと見通せる。ようやく巡り会えた「聖地」だ。竹下も平谷も、『ひょっとすると、山でも生中継できるのかも』と感じ始めていた。

　太陽も傾いてきた。暗くなる前に戻らねばならない。田中はふと久野林道山頂を振り返ると思った。

『ここは、待っていたんじゃないか、俺たちを。砂漠のオアシスみたいに』

　改めて身が引きしまる思いがする。年末年始、誰かがここで寒風に震えながら仕事をすることになるのだ。

「俺たちは、とんでもないことをやっている……」

「人間羅針盤」と呼ばれた男

　入社4年目の福王寺《ふくおうじ》貴之《たかゆき》は、いきなり大役をおおせつかった。マイクロ担当、またの名を「人間羅針盤」だ。

　選手が走る姿を映すのが「移動中継車」の役割だが、3台ある移動中継車の中でも主役を張るのが1号車だ。1号車のカメラが映し出す映像はトップを走る選手であるため、最も採用されることが多い。

では、移動中継車で映した映像は、どうやって本社に送るのか。移動中継車の屋上には、実はマイクロ送信用のアンテナが備え付けられている。それを受信ポイントに向けることで、マイクロの受け渡しをするのだ。

マラソンなどのロードレースで移動中継車の屋上に乗ってアンテナを振るという仕事は、体力のある新人カメラマンにふられることが多い。福王寺はカメラマンとしては1年目だったため、この仕事が回って来たのだ。

1号車についているアンテナは、1メートルほどの長さの鉄製で串刺し型の「八木アンテナ」と呼ばれるものだった。このアンテナはハンドルがついた三脚の上に設置され、箱根の山道に対応するため、360度どの方角にも回転可能な椅子に固定されている。

つまり福王寺は、次々にカーブを切る移動中継車の上で、マイクロを受信する「中継ポイント（基地）」を目がけて確実にマイクロを送信するという、彼なしでは中継が成り立たない役目を与えられたのだ。羅針盤の針のようにくるくると回り続けるため、いつのまにか「人間羅針盤」と呼ばれるようになった。

福王寺は学生時代、上智大学理工学部で電波の勉強をしており、横浜国際女子駅伝も経験していた。当時抱えていたレギュラー番組も少なかったため、「マイクロテスト」、つまりマイクロの送受信テストにも全部つきあえる。しかも三半規管が強く、子供のころから車で酔ったことがない……。まさに、「人間羅針盤」になるために生まれて来たような男だった。

マイクロは基本的にまっすぐ進むのだが、受信機のある「中継ポイント」との間に障害物があると届かなくなる。だからこそ中継ポイントは、久野林道山頂のような、どこからでも見える高台が望まれるのだ。

福王寺にとって箱根路はそれほど縁があるものではなかった。たまにドライブで来るくらいだ。土地勘は全然ない。しかし、たとえ厚い雲や霧に阻まれても、どこに中継ポイントがあるかを常に把握しておかなくてはならない。箱根の全コース、全カーブを頭に叩き込んでいなくては役に立たないのだ。

景色を見るだけで、自分は今どこにいるのか、中継ポイントはどこにあるのかを即座に判断しなくてはならない。それには体で覚えるしかなかった。

まずは春から下見に加わり、コースを歩いてみたりした。東京・箱根間を車で1日5往復したこともある。夏の箱根は葉が生い茂り、車の屋上は折れた枝や葉で埋まった。ヘルメットをかぶっていたものの、中継車の屋上でアンテナを振ることに集中していて、いきなり太い枝がバチンと顔に当たったこともあった。

方角を正確に把握するために、通常は船内で使う半球体コンパスを購入し、屋上に取り付けてみたこともあった。しかし、直線の道では方角をかなり正確に示したものの、くねくねと曲がりくねる峠道では反応が遅すぎた。やはり、自分の勘や記憶に頼るしかない。

山に設置される中継ポイントがすべて決まり、テストや下見が100回に達した頃には、福王寺の体の中には「羅針盤」が出来上がっていた。

「もう目をつぶっていても、どこを走っているか、中継ポイントがどっちだかがわかる」

本番に向け、準備は万端に整っていた。

見晴らし良好、テストも成功!

「箱根駅伝」は片道でも6時間かかる番組になるため、選手を追っていく移動中継車3台の映像だけではあまりにめりはりがつかない。そこで箱根地区では、湯本、塔之澤、宮ノ下、小涌園、児童養護施設の箱根恵明学園、関所前、芦ノ湖に、固定カメラをそれぞれ2~5台配置することになった。

また、二子山のNTT無線中継所を、箱根地区を担当する放送センター基地「箱根センター」として借りることが決定。さらに、標高1356メートルのところにある「駒ヶ岳」山頂に中継基地を置き、ヘリコが飛ばすマイクロを受信したら、それをそのまま二子山のセンターへ転送するという流れが固まっていった。

3月、風のない、絶好の撮影日和の日に、東京から箱根まで初めてヘリが飛んだ。マイクロテストを行うためだ。

移動中継車の1号車には、東京地区のテクニカル・ディレクターの上野《うえの》昭司《しょうじ》、マイクロ担当の福王寺が乗車した。上野は、1号車で撮った映像と音声を駒ヶ岳の中継基地へと送った。

予想以上に鮮やかで美しい映像が、駒ヶ岳山頂でテストモニターを見つめる坂田や田中の目に飛び込んできた。

「わあっ」まだテストが終わり切らない段階で、田中が明るく言った。

「いけますね。生放送、やりましょう！」

「ヘリコ不可」対策

ヘリコが飛びさえすれば、マイクロは箱根の山でもきちんと届く。それを境に、検討すべき課題は劇的に変わった。今後は、ヘリコが飛ばなかったときの対策を確実にするのだ。

東京から小田原までの平地でも話は同じだ。田中は下見とマイクロテストを兼ねて、平谷や技術スタッフとともに、駅伝のコースを何度も通ってみた。ヘリコなしで映像をつなぐには、長い距離をカバーできる見晴らしのいい建物を探さなければならない。その建物の持ち主と交渉して、その屋上に固定カメラとマイクロの送信機を設置させてもらうのだ。

対象になりそうな商業ビルからマンションまで、高いビルを見つけては訪問し、片っ端から昇るしかないのだ。

「すいません、日本テレビですが、総務課をお願いします」

「ご用件は、なんでしょうか？」受付の女性がけげんな顔をする。

「あの、来年のお正月に箱根駅伝を中継しようと思っておりまして。もちろんできたらでいいんですけれど、ちょっとここの屋上に上がらせてもらうことは可能でしょうか」

すぐに理解を示してくれるところはほとんどなく、門前払いが当たり前だった。中には「うるせえ、出てけ」と追い出す店もあった。

箱根駅伝が今ほど知られていない時代だ。ましてやテレビ中継の知識がない一般人にとって、なぜ下見が必要で、中継当日いったいどんなことをするのか、見当はつかないものだ。

平谷がある山の下見のため入山許可を得ようとした際に、勘違いをされたこともあった。

「テレビ局の鉄塔を建てるんですか？」

「いや、そうじゃないんです。あの、テレビの生中継をするんですけど、ちょっとあの、中継用のアンテナを置けるかなとか、そういうことなんですけど」

そう答えても、直径10メートル級の特大アンテナを建てるのでは、と警戒されてしまう。

「普通のカメラの三脚に、中華鍋みたいな小さなアンテナを乗っけるだけなんですよ」

どこへ行っても、「テレビの中継をするための場所を貸してほしい」という言葉の意味を理解してもらうまでには時間がかかった。

さらに悪かったのは、放送の時期だ。当時は多くの企業、商店が、仕事納めから松の内まできちんと休みを取っていた。そんなのどかな昭和の時代に屋上を貸してもらうとなれば、正月休みを過ごしている社員や管理人に、立会いのためわざわざ出てきてもらうことになる。

「お正月に、人んち貸せって言っているようなものだよ」と怒られたりあきれられたり。大田区にある六郷橋を渡るまでの東京地区だけでも、20～30軒は軽く断られていた。応接間に通されて、ちゃんと話を聞いてくれること自体がまれで、お茶を出されるだけで田中と平谷は、「ええっ、いいんですか!?」と感動した。

だからこそ、屋上の貸し出しを快諾されたときには、心の底から喜んだ。

二人が特に印象に残っている訪問先は、蒲田にある高津《たかつ》伝動精機だ。初めて訪問したときに、役員が満面の笑みを浮かべて対応してくれた。

「箱根駅伝の中継をするんですか。大ファンなんですよ、私。ぜひやってください、いくらでも協力しますから」

それだけでも感激ものだったのだが、いざ屋上へ上がってみると、マイクロの受信基地がある東京タワーや新宿のセンタービル、さらには市ケ谷にあった日テレの鉄塔も見えた。

「あ、ここなら電波通るわ」思わず二人の顔がほころぶ。

「よければ部屋を使ってもいいですよ」

田中は感謝の印として、ここの社名を「協力会社」として紹介することにした。

こんなこともあった。多摩川にかかる六郷橋で、あるマンションの屋上にカメラと送信機を設置した。多摩川を見渡せる眺めのいい場所で、田中のお気に入りの中継ポイントだった。

しかし、初中継後、そこに住む女性が激怒、「正月の早朝からうるさい」と抗議が来た。

田中と平谷はそろってお詫びに伺った。しかし女性の怒りは収まらない。正座のまま体を小さくして、１時間以上もお説教を聞くことになった。

ようやくその女性も気が済み、二人も帰ることになったが、足がしびれてどうしても立てない。もたもたしているうちに、女性の怒りが再燃した。

「あんたたち、何やってるのっ⁉」

また話を蒸し返され、結局２時間正座するはめになった。

ようやくマンションを出た二人は、夕空を眺めながらぐったりした。

「もうこのマンションは使わせてもらえないだろうな。どうしよう」

「だめもとで、向かいのマンションに当たってみましょうか」

道の反対側にあるマンションを訪ねると、意外にも、自治会長が温かく迎えてくれた。

「いやあ、いつ来てくれるか待っていたんですよ。どうしてうちに来ないのかってね。うちからの眺めの方が、いいですよ」

「全部中継してみせる！」技術サイドの意地

少々の雨でも、平地ならヘリコは飛べる。しかし、箱根の山はそうはいかない。高いビルや高台がないために移動中継車の映像を中継できないエリアは、「デッドゾーン」と呼ぶことになった。ヘリコが飛べない確率の高い箱根の山では、「デッドゾーン」は文字どおり致命的だ。小涌園から芦之湯までのデッドゾーンは、あまりにも長い。しかし、なんとかして少しずつでもつぶしていこうということになった。

悩む技術スタッフたちに、プロデューサーの坂田は声をかけた。

「箱根の山の中継は、そんなに完璧でなくてもいいよ。スタジオでカバーするから」

あの険しい山岳地帯で生中継を行うことがどれくらい無謀な試みであるか、坂田はよく分かっている。中継が途切れてしまっても、それで技術スタッフを責めるのは酷な話だ。万一のときは、過去の感動的なエピソードを紹介する「今昔物語」や「学校紹介」といったVTRを流せばいい。

しかし、思いやるつもりでかけた坂田の言葉が、逆に技術陣を奮起させた。「中継が完璧でなくてもいい」、その言葉にただ甘んじるわけには絶対にいかない。

「スタジオでトークやVTRだけでつないでも、見ている方は、つまらないんじゃないか。何がなんでも全コースを生の映像でつないでみせるよ」

そのくらいの意気込みや男の意地が、技術の大西や山中たちにはあった。

技術サイドの現場総監督となった大西の頭に、妙案が浮かんだ。

「気球をやってみよう、気球」

生い茂る樹木を避けるために、受信機と送信機を搭載した気球を100メートルくらいの高さに上げてみるのはどうだろう。アンテナの方向はリモコンで操作して、移動中継車からの電波を送受信する、という常識破りのプランだった。

気球そのものは、3点でつないだロープで動きを制御する仕組みになっている。まず山の麓で気球を膨らませ、田中ら元気な30代のスタッフが、3方向へぶらさがっているロープを手分けして持つ。そしてマイクロテストを行う鷹巣山《たかのすやま》まで、慎重に1本ずつ動かしながら進むことになった。

「よし、まずは俺から」

田中が先陣を切った。気球を仰ぎながら、必死でロープを引っ張る。

「はい次は、お前、そっち行って」

今度は平谷の番だ。「うわ、流される」

箱根特有の強い風が吹くと、当然気球は揺れる。ロープを持った3人は、気球にずるずると引きずられていく。地上からアンテナの向きをリモコン操作しようにも、気球があらゆる方向へ動いてしまうため、どうしてもうまくいかない。

すると、懸命なスタッフたちを見かねたのか、気球会社の青年社長が突然こう申し出てきた。

「私が、上へあがります」

「どうやって？」

「気球の下に、自分がぶら下がって、手に持ったアンテナを中継車の方向へ振りますよ」

気球にぶら下がる……⁉　仰天した大西は、即刻気球の使用を止めることにした。

「お気持ちは大変ありがたい。でも、もしこの時点で人身事故を起こしてしまったら、放送そのものが中止になってしまうんです。それだけは、何としても避けたい」

そのうち、近くの派出所から警官も飛んできた。

「交番に『銀色のUFOが飛んでいる』って通報があったんですが」

思わず顔を見合わせる大西たち。

「……何をやっているんですか？」警官が気色ばんだ。

確かに、その気球は銀色だった。誰かが驚いて通報したのだろう。

気球作戦は、完全に失敗に終わった。

次の作戦は、「日本一高い」という触れ込みの、長さ45メートルもあるクレーンだった。日本で当時あったのは、2台のみ。うち1台をレンタルし、湯坂路《ゆさかみち》（通称・鎌倉古道）と呼ばれる狭い登山道に立てる案を考えた。

しかし山深い小道の中では45メートルも意味をなさず、これもまた頓挫してしまった。

「ヘリコをやめろ」の通達

7月23日、予期せぬ惨事が起きた。読売新聞の小型双発ジェット機が新潟の山中に墜落し、乗員4人全員が死亡してしまったのだ。同機は大破し、炎上したという。

「箱根駅伝は、全編ヘリコプター中継いたします」

制作技術局長がそのことを社長に伝えたのは、葬儀に参列した直後のことだった。それは最悪のタイミングだった。

しばし沈黙した後、社長はこう告げた。

「中継はもちろんかまわない。しかし、ヘリコプターだけは使うな」

「……いや、でも、ヘリコなしでは中継はできません」

「では、もし事故が起きたらどうするんだ？」

「……」

万が一にも人身事故を起こせば、放送はおろか、箱根駅伝そのものの開催も危うくなってしまう。

社長室から青ざめて帰ってきた制作技術局長は、大西らに、社長からの通達を伝えた。

「何言っているんですか、それを承知しちゃったんですか?」

それでなくても箱根地区の中継はまだ目処《めど》がたっていない。ヘリコが使えないとなると、絶望的だ。

「ヘリコは災害や事件の取材にだって、今まで何度も使っているじゃないですか。箱根だけだめなんて、おかしいですよ」

上司と現場との板ばさみになって苦しむ制作技術局長に、大西たちは必死になって訴えた。

その声と熱意が届いたのか、社長も後に、ヘリコの使用許可を出した。

その後も中継ポイント探しの苦戦は続いた。

前々から申請していた横浜市ごみ焼却場の煙突の使用も許されなかった。その理由は、「正月早々、転落事故で死人を出したくない」ということだった。高い煙突に送受信機を取り付けるのは、もちろん人間であり、手作業になる。万一を考えて、市もためらったのだ。

久野林道山頂アタックルートの開拓

坂田と田中は、8月15日に「第63回東京箱根間往復大学駅伝競走・放送実施計画中間報告書」を「運動部」「中継制作部」「制作本部」の連名で会社に提出した。放送まであと半年。その冒頭には、二人の強い決意が記されている。

「関東学生陸上競技連盟が主催し、読売新聞社が長く後援してきたこの伝統あるイベントに対して（次回で63回目）、いよいよ日本テレビが本格的な放送に乗り出す以上、日本テレビにふさわしい内容とレベルを示さなければなりません」

東京国際マラソン、横浜国際女子駅伝といったロード生中継をこなしてきた彼らには、強い矜持があった。

「その日本テレビが中継するにふさわしい放送とは、箱根山岳コースを含む全コースの生中継以外にはありません。それは、総合距離213・9キロという、フルマラソンのおよそ5倍の距離に立ち向かい、箱根の山岳中継に挑む前代未聞の画期的な事件です」

3月末からスタッフたちは、コースやマイクロポイントの下見、移動中継車の走行テスト、箱根山岳地区のヘリコマイクロテストを重ねてきた。

未解決の問題は数多く残されている。坂田らは訴えた。

「新機材の導入、高校サッカー中継及び他番組との関係、ネット局の応援等、早急な判断と全社的なバックアップが必要です」

制作上・技術上の具体的な問題を挙げた上で、中間報告書は以下の言葉で結ばれている。

「以上、数多くの問題はあるもののロードレース中継では日本一である当社にとって、いずれは実現しなければならない課題だと思います。各方面の皆様のご協力とアドバイスをお願いいたします」


田中は、社員や社外スタッフという立場の違いを越え、誰もが同じ気持ちで番組作りに参加してほしかった。

「和美《かずみ》！　箱根の山に登りに行きたくないか。温泉付き！」

「いいですね……。この部屋から脱出して、山と温泉で癒されたい……」

伊藤《いとう》和美は、日テレ本社に設置された「制作本部」で、社外スタッフとして働いていた。20代という遊び盛りにもかかわらず、毎日深夜過ぎまで電話の取り次ぎや書類作りに奔走する日々だ。「箱根の温泉」という美しい響きに魅せられ、久野林道山頂登山にうっかり参加してしまった。

予想に反し、久野林道山頂は笹だらけの獣道だった。おまけに、二日酔いのスタッフが近くで吐きながら登っていたりする。癒されるどころではない。

帰り道では膝がガクガクになり、伊藤は泣きたい気分だった。すると、いつものようにエネルギーにあふれ、まったく疲れを見せない田中が、後ろからどやしてきた。

「のんびり歩いてないで、早く下りるぞ！」

まるで滑り落ちるように、伊藤は山を下っていった。

田中と同期入社で、中継映像の大部分を担う1号車ディレクターを担当する予定になっていた丸山公夫《まるやまきみお》も犠牲となった。

「ちょっとあの林道のポイント見にいくからさ、丸山、一緒に行こうぜ」

「俺は今日疲れてるから、行きたくないよ」

「いや、大丈夫だよ、ちょっとした簡単な山登りだから」

田中と丸山、技術スタッフたちを乗せたマイクロバスが、久野林道山頂への登山口へ到着した。

「じゃ、丸山、この靴にはき替えて」

「えっ？」

営業部育ちの丸山は、いつも革靴をはくのが習慣になっていた。

「そんなんじゃ、登れないよ」

田中はバスに積んでおいた登山靴を1足、丸山に手渡した。それだけではない。

「はい。このマイクロのお皿、持ってさ」

マイクロを受信する機材は、皿のような形をしている。直径数十センチもある、大きな皿だ。

「え、これを俺が……？　騙された！」

息を切らしながら1時間近くかけて登っていた丸山たちは、途中でのんびりとハイキングを楽しんでいる一団とすれ違った。

「あれっ？」

誰も本格的な登山靴などはいていない。どうやってここまでたどり着いたのだろう。

実は、田中たちはそれまで気づかなかったのだが、別のルートがあったのだ。地元の人にとっては、気軽なハイキングコースだという。

それなのに、今まで田中たちは、久野林道から「道なき道」を一直線で登っていたのだった。地図アプリが入っているスマホなどない時代だ。野生の勘と情熱、そして体力がカギだった。

「防振《ぼうしん》カメラ」との出逢い

大西が「これを見つけたからこそ、初回の中継が成功した」とほめたたえるものがある。それは「防振カメラ」だ。

ロードレースは、通常は平坦な市街地の道路を使って行われる。しかし、平坦な道路でも、移動中継車に設置されたカメラの揺れを防ぐことは不可能だ。

しかし箱根駅伝の5区と6区のコースは、曲がりくねった山道だ。ただ車に乗っているだけで車酔いしてしまうような道なのに、そこをひた走る選手の姿を、ぶれることなくどうやってとらえればいいのか。中継技術の長として、大西は悩み続けた。

大会まであと3か月と迫った秋のある日。たまたまNHKにチャンネルを合わせた大西は、空撮技術を紹介する番組に釘づけになった。「画面が揺れないカメラ防振装置ができた」と紹介している。大西には、即座にひらめくものがあった。

「これはロードレースにも使える!」

ロードレース中継では通常、カメラは移動中継車に三脚を立てて設置される。道路がでこぼこしていると、その振動がカメラに伝わって、撮影した画面がぶれてしまう。ガタガタと揺れる画面を見ていると、視聴者はまるで車酔いをしたように気分が悪くなるものだ。

そんな揺れを抑え、安定した画面にするのが「防振装置」だ。カメラを、防振台という大きな枠組みから吊り下げ、それを、移動中継車の中に設置するのだ。すると、車体がいくら揺れても、宙に浮いているカメラは水平を保つことができる。

大西は早速、NHKで紹介していた製造メーカーを調べ、その防振装置を借りた。すべての移動中継車に搭載したかったが、たまたまあった在庫分だけであきらめるしかなかった。非常に高価なものなので、受注してからでないと製作しないのだ。

貴重な「防振カメラ」は、中継移動車の1号車に取り付けられた。トップを走る選手を、画面がぶれることなく撮影できるだけで万々歳だ。

小川アナを口説け

メインのアナウンサーを誰にするかを、早く決めねばならなかった。

絶対にはずせない条件は、スポーツ生中継に長けており、２日間にまたがる長時間の番組を冷静に仕切れるベテランだということだ。

そして何より、多くを語りすぎない、落ち着いたスタイルが望まれる。坂田と田中は、「箱根駅伝」を単なるバラエティ番組にするつもりはまったくなかった。あくまで主役は、目の前で繰り広げられるレースであり、身を削って懸命に走っている選手なのだから。

アナウンス室には男女あわせて計36名のアナウンサーがいた。その中から誰を選ぶか。偶然か必然か、坂田と田中が推した人物は一致した。小川《おがわ》光明《みつあき》アナウンサーだ。坂田の１年先輩で、46歳の小川は、プロ野球やゴルフの実況で聞かせる落ち着いた声と品のある口調がおなじみの、スポーツマインドを最も理解しているアナウンサーだった。

「やはり彼しかいない。口説こう」

２月にまず坂田が、軽井沢で行われた社員研修会で小川にアタックした。

昼休みでくつろいでいた小川に、坂田は突然話しかけた。

「箱根駅伝を来年、中継することになりまして」

「へえ、そうなの」

「ぜひ、東京の本社放送センターを務めてくれませんか」

「センターを務める」、つまり、実況を仕切る「メインアナウンサー」になってくれということだ。

「えっ、僕が？」

小川は、予想外の申し入れに絶句した。小川は陸上競技担当ではなく、ロードレースの実況はまったく経験がなかった。箱根駅伝や東京国際マラソンの優勝監督インタビューを担当した程度の経験しかない。なのに、なぜ。小川は困惑した。

箱根駅伝は当時で既に60年を超える伝統があり、参加選手数も1回の大会で150人に上る。実況では、競技に対する深い知識や理解はもちろん、注目選手のベストタイム、好不調の波といった細かい情報が必須になる。本来ならば、そういった勉強をしている陸上競技担当からメインアナは選ばれるべきではないか。後輩の晴れ舞台を横取りするようなことは、小川の美学に反していた。熟慮の末、社に戻ると小川は坂田にこう伝えた。

「悪いが、引き受けることはできないよ」

しかし坂田は、ここでもあきらめなかった。坂田は、小川が実況で大げさに叫んだり声をうわずらせたりするのを見たことがない。品格のあるそのアナウンスぶりは、長年イメージしてきた「箱根駅伝の中継」にぴったりだったし、何が起こるか予測不可能な今回の中継を、安心して任せたかった。坂田はこりることなく、何度も小川に説得を試みた。

陸上競技担当の舛方勝宏《ますかたかつひろ》チーフアナが、見かねて進言した。

「小川さん、我々に遠慮などせずに、ぜひやってください」

「いや、そうはいっても、私がやるのはまずいだろう……」

小川にはまだ気兼ねが残っていた。

1か月がたったある日、小川はスポーツ局長に呼び出された。

「悪いが、とりあえずやってくれ。よろしく頼む」

局長に頭を下げられては、もう断ることはできなかった。

陸上競技の実況経験がないだけに、小川には分からないことだらけだった。

しかし、社を挙げての大プロジェクト。しかも正月早々に恥ずかしい実況はできない。早速小川は、箱根駅伝の歴史や伝統を調べ始めた。60年にわたる膨大な記録、片道100キロ以上もあるコースの地名、沿道の名所・旧跡など。それらがすべて本番ではスラスラと口をついて出なくてはいけない。こんなに根《こん》をつめて勉強したのは、入社以来初めてのことだった。

そんな小川の不安を察知した舛方アナは、こう言って励ました。

「小川さん、安心してください。最高のサブアナをつけましょう」

サブアナとは、メインアナを横で助けるアナウンサーのことだ。本番で声を出すことはないが、気配りがきくことや勘のよさが何より求められる、重要な役回りだ。

サブアナとして、入社3年目の加藤明美《かとうあけみ》が抜擢された。新人時代に、東京国際マラソンや横浜国際女子駅伝でサブアナや中継所のレポーターを務めたしっかり者で、臨機応変に選手の情報や名所の情報などをしたためた紙をメインアナに提示する補佐役にはぴったりの人物だった。

10月には、トップ選手を映す1号車の実況アナとして芦沢俊美《あしざわとしみ》、続く第2、3集団を実況する2号車に山下末則《やましたすえのり》、繰り上げスタートやシード権争いを伝えることになる3号車に小倉淳《おぐらじゅん》が配置されることになった。スタートとゴール地点には実績のある舛方と、日テレアナウンス室が誇る「最強布陣」が張られることになった。

アナウンサーたちの戦いも始まった。もちろん、どんな実況をするときでも、アナウンサーはしっかりと下調べをする。しかし、今回の相手は、60年の歴史を誇る「箱根駅伝」だ。

まずは、出場予定校の全選手を対象にしたアンケートを作成し、サブアナを含めた全員が2校ずつ受け持って取材に回ることになった。

10月からは本格的に取材を開始。午後の練習を見学し、食事が終わった夜に監督や選手一人ひとりに話を聞いた。アンケートには、名前、出身地、経歴、家族構成、自己ベストタイム、夢といった項目を作り、できるかぎり詳しく記入してもらった。

選手たちが住んでいる寮は、たいてい都心から離れたところにある。練習をするのにふさわしい、環境のいい土地が選ばれるからだ。アナウンサーたちは日常の仕事もこなしつつ、取材から夜遅く社へ戻ると、最新情報を資料としてまとめた。

11月に入ると駅伝班は深夜0時前には帰宅できなくなり、午前3時を回ることも少なくなかった。しかし、本番へ向けた情報は、着々と蓄積されていった。

小川は率先してコースの下見に行ったり、優勝候補と目されている有力校の練習に精力的に顔を出すようにしていた。

その一つが、順天堂大学だった。順天堂大では当時澤木啓祐が「鬼監督」となり、陣頭指揮をとっていた。理論派で、選手としても指導者としても卓越した力を持っていた澤木は、取材陣にも手厳しいことで有名だった。見当違いな質問を「ああ、くだらない！」とばっさり切り捨てたり、「勉強不足だ」として答えなかったりと、気難しそうだった。

暮れも押し迫ったある日、小川は千葉県習志野市まで順天堂大の練習風景を見に行った。

練習が終わると部員たちは、体を冷やさないようにするためどんどん合宿所へ引き上げていく。誰もいなくなったグラウンドには風が吹き抜け、足元からしんしんと冷えてくる。

「せっかくここまで来たんだから、もっと選手の話を聞きたかったなあ」

事前に取材許可をもらっていなかったため、合宿所まで押しかけるのはさすがにはばかられた。すると突然、澤木が合宿所から出てきて、つかつかと小川の方へ向かってきた。

「ちょっと、いらっしゃい」

『な、なんだろう?』

合宿所の中へ連れていかれ、小川は内心びくびくしていた。もしや、叱られるのでは……。

すると澤木は、部員たちに向かって声を張り上げた。

「みんな集まれ！　日本テレビさんの取材だ。丁寧にお答えしなさい！」

小川の前に、熱いお茶が差し出された。

『表向きは恐いけど、本当は心の温かい、シャイな人なんだ、澤木監督は……』

それは、体だけでなく、心まで温まった一瞬だった。

第３章　伝統の「箱根駅伝」

４校でスタートした「箱根駅伝」

正式名称は「東京箱根間往復大学駅伝競走」、通称「箱根駅伝」は、２０２４年大会で１００回目を迎えた。「世界で最も伝統がある駅伝」の誕生には、「日本のマラソン界の父」、金栗《かなくり》四三《しそう》の存在が大きく寄与している。

日本が初めて参加したオリンピック（五輪）のストックホルム大会（１９１２年）のマラソン競技で、日本代表の金栗は熱中症で途中棄権してしまった。世界とのスピード、体力差をまざまざと見せつけられた金栗は、「世界で戦うには、もっと長距離ランナーを育てる必要がある」と痛感した。日本各地でマラソンや駅伝大会が既に実施され始めていたため、「一度に大勢を養成するには、駅伝が最も効果的ではないか」と考えたという。

知人らと相談する中で、水戸―東京間や日光―東京間、はたまた米国大陸横断といった案も出たが、最終的には東京―箱根間の往復を各校10人で走り切る案に落ち着いた。大会の趣旨に報知新聞社が賛同、協賛することになった。

実際には、選手10人をそろえられる学校は少なく、慶應義塾大学、早稲田大学、明治大学、東京高等師範学校（現・筑波大学）の４校だけが参加することになった。

初めてとあって、金栗らは準備でおおわらわだった。スタート地点や開催日の直前変更などの混乱を経て、1920年2月14日に「四大校対抗駅伝競走」として決行されることとなった。

当日は土曜日だったが、「学生は午前中は勉強を」という時代であり、スタート時間は午後1時となった。しかし箱根に入るときには、日はとっぷり暮れてしまった。暗い雪道で転倒したり、山に迷いこんだりする危険性があったため、地元の青年団がたいまつを掲げて進路を照らしたという。

往路は明大が7時間30分36秒で制したが、到着時刻は午後8時30分過ぎとなり、ゴールで迎えてくれた人の数も少なかった。復路は最終区で2番手だった東京高師がトップの明治大をとらえ、新橋でついに逆転。記念すべき第1回の優勝旗を手にしている。

第2回は法政大学、中央大学、東京農業大学も加わり、計7校で競り合った。開催時期も1月の最初の週末になり、時間も朝からのスタートへ改善された。ちなみに、明治大が14時間39分1秒8で総合優勝。前年の雪辱を果たした。

走りたくて警官から選手に

1世紀もの歴史の中には、様々なエピソードが残されている。

有名な話の一つに、日本大学の前田喜太平《まえだきたへい》による警官から選手への転身がある。

第2回大会で日比谷を警備していた前田巡査は、目の前を駆け抜けた学生の走りに魅了されてしまう。思わず一緒に走り出してしまい、職場放棄で首になったなどとおもしろおかしく語られたが、実は自ら退職し、翌年、日本大の選手として箱根駅伝に出場。しかも、日比谷通りを「アンカー」として走ったという。

前田が4年生となって迎えた第6回大会では、珍事件が起きた。前田は2区で区間トップになり、日本大を8位から6位に引き上げ、次走者にタスキを渡そうとしたのだが、中継所で待っていたのは、見知らぬ男。驚く前田を尻目に、その男はタスキを手にとると猛走。4人を抜いて、一気に2位へと浮上した。

だが大会後に、その男が実は新橋の人力車夫だったことが判明する。追い抜きざまに、「あらよっと」と声を出したのが、あだになったという。結局日本大は、違反をしたということで翌年は出場を辞退している。

幻の第22回大会

「幻の箱根駅伝」と呼ばれた大会があった。それは戦中の1943年に行われた、第22回大会のことだ。

箱根駅伝は1940年の第21回をもって中断することになった。太平洋戦争が始まり、軍事物資を運ぶ東海道が使用できなくなったためだ。

主催者の関東学生陸上競技連盟は代わりに、東京―青梅間の８区間１０７キロを往復する駅伝大会を41年1月12日に開催した。さらに、「来年はもう走れない。走れるうちに、もう一度」という学生たちの声に応え、同年11月にも同じルートで2回目の「代替・箱根駅伝」を行った。しかし戦争はますます激化。

「この国家的大事に、スポーツどころではない」

軍部からの批判が高まる中、日本学生陸上競技連合、関東学連は解体され、各地のスポーツ行事は禁止されることとなった。

「箱根駅伝は、もう二度と行われないのだろうか」

「大正時代からの伝統は、タスキは途絶えてしまうのか」

走ることをこよなく愛する学生ランナーたちは、知恵を絞った。そして「精神鍛錬と戦勝祈願」を名目に、コースも靖國神社から箱根神社間の往復に変えたことで、軍部から特別に開催許可を得ることに成功した。

昭和18年、すなわち１９４３年1月5日。戦時下、3年ぶりに開かれた大会は、「紀元二千六百三年靖國神社・箱根神社間往復関東学徒鍛錬継走大会」と名づけられた。

参加11校の選手たちは、参加することが最後になるかもしれない箱根路で、生きて走れる喜びをかみしめた。そして学校や結果に関係なく、互いに健闘をたたえあったという。

秋には学徒出陣があり、多くの若い命が異国の地で、深い海、広い空で散っていった。

この大会は「大日本学徒体育振興会」が主催団体名だったため、長らく「箱根駅伝」としては認められていなかった。だが優勝盾に「ＫＧＲＲ」というマークがあり、「関東学生陸上競技連盟主催」の文字が記されたプログラムも発見されたことから、のちに第22回として正式に認められることとなった。

龍のごとく

もともと技術的に電波が届かない地域がある上、ヘリコプターも本番当日は天候次第で飛ばなくなる可能性がある。

「技術スタッフが不安に思っているところは、事前に我々が演出でカバーすると伝えなくては」

坂田は選手らに取材したり関連本で勉強したりしながらためていたエピソードなどを紙芝居や映像にして流せば、なんとかなるだろうと思っていた。

しかし「全コースのうち、電波がつながらず、当日のレース映像が流せなさそうな場所を地図上に印して」と技術のスタッフに伝えた数日後、返されたコース図には、予想を大幅に超える数の印がついていた。

こんな広範囲では、相当の時間をレース映像以外で埋める必要があり、自分の手持ちのネタだけでは到底足りない。そう悟った坂田は、横浜国際女子駅伝で「リサーチャー」、つまり走行コースや選手の細かい情報を収集するという仕事をしていた鎌田《かまた》みわ子に電話をかけた。彼女の取材の巧みさ、語り口のうまさを買っていたからだ。

「鎌田くん、ちょっと話があるのだけど、会えないかな」

「はいっ、何でしょうか」

番組制作のトップである「プロデューサー」は、一般のスタッフにとっては社長的存在だ。特に当時、サッカーの全国高校選手権やトヨタカップの中継で成功を収めており、テレビマンとしては珍しくスーツをダンディに着こなしている坂田は、鎌田にとっては雲の上の人。突然呼び出されて緊張する鎌田に、坂田は気さくに話しかけた。

「あのね、来年の箱根駅伝を中継するつもりなのだけど、ライターとして手伝ってくれるかな」

「でも私、箱根駅伝のことはまったく知らないのですが……」

「大丈夫、女子駅伝での君の働きぶりを知っているから。箱根駅伝は、単なるスポーツではないんだよね。来年放送する番組には、箱根駅伝にまつわる『人間ドラマ』を入れないと、本質を伝えることにはならない」

何のことか分からず目を丸くする鎌田を相手に、坂田は箱根駅伝の歴史と伝統、このプロジェクトの意義について1時間以上もかけて熱く語り続けた。

『名プロデューサーの坂田さんを、こんなにまで夢中にさせる箱根駅伝って、何だろう……』

坂田の依頼は、過去の大会や選手にまつわるエピソードを3か月間、徹底的に掘り起こし、取材して文章にまとめてほしい、というものだった。

「君は歴史の『語りべ』になる」

鎌田の胸は高鳴った。坂田の熱意に打たれただけではなく、大きく意義ある仕事をすることができる予感がしたのだ。

「決めた。他の仕事を断っても、このプロジェクトに賭けてみよう」

これまでに箱根路を疾走した歴代の選手、関係者と連絡をとり始めたが、当初は戦前の話を聞いても、ぴんと来なかった。しかし、大会で必死に走るランナーを見るうち、彼らの姿と、思い出を語る老人の若き日の姿が重なってきた。

「昔はみんな、こうだったのだろうな……」

今は地位も名誉もある人たちが、突然声をつまらせ、涙ぐむ。それは、懐かしくさわやかな記憶のせいだけではない。途中棄権や体調不良によるブレーキ、予期せぬアクシデント……。何十年たっても、消したくても消えない心の傷を抱く者も多かった。

当初鎌田は、放送作家として、涙を誘うエピソードに出会うたび、「これは番組で紹介できる」と思ったりもした。しかし取材を繰り返すうち、何十人もの苦い涙が、重く心にのしかかってくるようになった。

「もう、やってられない。また今日一人、泣かせてしまった」

静かに老後や余生を過ごしていた人に、若き時代のつらい思いをぶり返させる。そんな仕事をしている自分に、嫌気がさしたのだ。

「多くの人の古傷を、ぐりぐりとえぐっている。もうこんな仕事、いやだ！」

「箱根駅伝の話？　思い出したくありません」と取材拒否されたことも一度や二度ではない。

しかし、根気よくじっくりとつきあううちに、やがて心を開いてくれる人もいた。

たとえば1949年、3区で棄権した神奈川師範学校（現・横浜国立大学）の今井実《いまいみのる》がそうだ。敗戦直後で栄養不足だったにもかかわらず、無理に練習を重ねたせいで貧血になった今井は、当時最も長かった3区を走ったが、平塚中継所まであと数キロという地点で意識を失い、チームは途中棄権を宣告された。

「私のせいで、残りの9人の努力と希望がめちゃめちゃになってしまったんです。何で、おめおめとテレビの前に出られましょうか」

しかし鎌田はあきらめず、何度も手紙を出し、過去の番組で流れた途中棄権した別の選手のことにも触れた。かたくなだった今井の心も、やがて和らいでいった。

「自分が話すことが、誰かの力になるのかもしれませんから」

回るカメラを前に、彼は静かに当時の状況を語り始めた。

「今でも引きずっています……」

別れ際に鎌田は、こう感謝されたという。

「私は今日、重かった荷物を一つ降ろしました。どうも、ありがとう」

もう一人は、幻の第22回大会を走った村上利明《むらかみとしあき》だ。中央大学陸上競技部で主将だった村上は85キロの巨漢で、元々は砲丸投げの選手だった。戦時中で長距離走者が10人そろわなかったために、急遽走ることになったという。

第22回大会は、「軍部主導だった」「戦争のプロパガンダに利用された」大会として、長らく正式な箱根駅伝とはみなされなかった。そのせいで参加したランナーたちは傷つき、固く口を閉ざしてしまった。

村上は第1走者で、靖國神社に参拝の後、大鳥居の前からスタートしたこと。この大会を最後に、死ぬ覚悟だったこと。学徒出陣で特攻隊員として配属されたのだが、出撃待機中に敗戦を迎えたこと……。

「チームメイトとは連絡を取っていません。戦死しているとつらいですから」

そのまま村上は絶句して、号泣した。鎌田は衝撃を受けた。

「この時代の人たちが、そんな覚悟をしてまで走っていたなんて……。この仕事の真の意味は、それを知るということだったのか」

選手たちの体に染み込んでいる「箱根」への思い。つらく悲しくも鮮烈な日々。生き証人たちの話を聞き、伝えることの意味。自分はきちんと伝えられているだろうか。

箱根駅伝は、「人の思い」が走らせていると鎌田は思う。あの東海道には、幾代にもわたって選手に声援を送ってきた人々がいる。選手の姿に人生を重ねてきた人々がいる。戦争といえど、その絆をやすやすと断ち切れるわけがない。鎌田は言う。

「懐の深い龍のごとく、その時代、その時代のいろんなものを飲み込み、うねりつつも前へ前へと進んでいる——。『箱根駅伝』は、そういう大きな龍のような気がしています」

伝統校・名門校の重み

箱根駅伝に出場する大学の中には、「伝統校」「名門校」と呼ばれるところがある。大会創設第1回から出場している明治大学、早稲田大学、慶應義塾大学、筑波大学（旧・東京高等師範学校）や、東京農業大学、法政大学、中央大学、日本大学ほか、見事優勝を果たしている大学がそれにあたる。

ここで、第1回（1920年）から第100回（2024年）の間で優勝を飾った全大学名とその回数を挙げてみよう。

中央大学（14回）、早稲田大学（13回）、日本大学（12回）、順天堂大学（11回）、日本体育大学（10回）、駒澤大学（8回）、青山学院大学（7回）、明治大学（7回）、大東文化大学（4回）、東洋大学（4回）、山梨学院大学（3回）、神奈川大学（2回）、東京高等師範学校（現・筑波大学・1回）、慶應義塾大学（1回）、専修大学（1回）、亜細亜大学（1回）、東海大学（1回）

出場チームには、前年本選で10位以内に入り、自動的に翌年の本選出場資格を得た「シード校」10校と、前年の10月に行われる予選会を勝ち抜いた「予選会通過校」の2種類がある。たとえ伝統校であっても、本選に出場するのは至難の業である。出場選手は1万メートル34分以内の公認記録保持者でなくてはならず、なおかつ1チーム10人以上選手をそろえなくてはならない。予選会に出場するのも一苦労である。

大会記録と区間記録

長い歴史の中でコースの距離は、諸種の事情により変更があった。初のテレビ中継があった第63回（１９８７年）では、総合２１３・９キロ（往路１０６・８キロ、復路１０７・１キロ）だったが、第１００回（２０２４年）では、総合２１７・１キロ（往路１０７・５キロ、復路１０９・６キロ）と３・２キロ伸びている。

それにもかかわらず、大会記録（優勝したチームの往路、復路、総合の各タイム）と区間記録（各10区の最速記録）は更新され続けている。

ちなみに、第100回までの大会記録は以下のとおりだ。

往路（107・5キロ）青山学院大学　5時間18分13秒　第100回（2024年）
復路（109・6キロ）青山学院大学　5時間21分36秒　第98回（2022年）
総合（217・1キロ）青山学院大学　10時間41分25秒　第100回（2024年）

第1回では15時間以上かかった「総合記録」だが、次々に時間の壁は突破されている。

15時間突破　第2回（1921年）明治大学　14時間39分1秒4／5
14時間突破　第9回（1928年）明治大学　13時間54分56秒
13時間突破　第14回（1933年）早稲田大学　12時間47分53秒
12時間突破　第36回（1960年）中央大学　11時間59分33秒
11時間突破　第70回（1994年）山梨学院大学　10時間59分13秒
＊第93回大会よりコース変更のため、総合最高記録は2024年の青山学院大学になっている

山梨学院大学の史上初の大記録は、ステファン・マヤカ、中村祐二、下山一彦らによ

ってもたらされ、海外遠征の副賞が贈られた。

「区間記録」も同様に、次々にタイムは塗り替えられている。

1区　1時間0分40秒　吉居大和（中央大学）　第98回（2022年）
2区　1時間5分49秒　Y・ヴィンセント（東京国際大学）　第97回（2021年）
3区　59分25秒　Y・ヴィンセント（東京国際大学）　第96回（2020年）
4区　1時間0分0秒　Y・ヴィンセント（東京国際大学）　第99回（2023年）
5区　1時間9分14秒　山本唯翔（城西大学）　第100回（2024年）
6区　57分17秒　舘澤亨次（東海大学）　第96回（2020年）
7区　1時間1分40秒　阿部弘輝（明治大学）　第96回（2020年）
8区　1時間3分49秒　小松陽平（東海大学）　第95回（2019年）
9区　1時間7分15秒　中村唯翔（青山学院大学）　第98回（2022年）
10区　1時間7分50秒　中倉啓敦（青山学院大学）　第98回（2022年）
＊現在のコースにおけるベスト記録

47	1971	日本体育大学	11:32'10
48	1972	日本体育大学	11:31'3
49	1973	日本体育大学	11:47'32
50	1974	日本大学	11:46'2
51	1975	大東文化大学	11:26'10
52	1976	大東文化大学	11:35'56
53	1977	日本体育大学	11:31'11
54	1978	日本体育大学	11:24'32
55	1979	順天堂大学	11:30'38
56	1980	日本体育大学	11:23'51
57	1981	順天堂大学	11:24'46
58	1982	順天堂大学	11:30'0
59	1983	日本体育大学	11:6'25
60	1984	早稲田大学	11:7'37
61	1985	早稲田大学	11:11'16
62	1986	順天堂大学	11:19'33
63	1987	順天堂大学	11:16'34
64	1988	順天堂大学	11:4'11
65	1989	順天堂大学	11:14'50
66	1990	大東文化大学	11:14'39
67	1991	大東文化大学	11:19'7
68	1992	山梨学院大学	11:14'7
69	1993	早稲田大学	11:3'34
70	1994	山梨学院大学	10:59'13
71	1995	山梨学院大学	11:3'46
72	1996	中央大学	11:4'15
73	1997	神奈川大学	11:14'2
74	1998	神奈川大学	11:1'43
75	1999	順天堂大学	11:7'47
76	2000	駒澤大学	11:3'17
77	2001	順天堂大学	11:14'5
78	2002	駒澤大学	11:5'35
79	2003	駒澤大学	11:3'47
80	2004	駒澤大学	11:7'51
81	2005	駒澤大学	11:3'48
82	2006	亜細亜大学	11:9'26
83	2007	順天堂大学	11:5'29
84	2008	駒澤大学	11:5'0
85	2009	東洋大学	11:9'14
86	2010	東洋大学	11:10'13
87	2011	早稲田大学	10:59'51
88	2012	東洋大学	10:51'36
89	2013	日本体育大学	11:13'26
90	2014	東洋大学	10:52'51
91	2015	青山学院大学	10:49'27
92	2016	青山学院大学	10:53'25
93	2017	青山学院大学	11:4'10
94	2018	青山学院大学	10:57'39
95	2019	東海大学	10:52'9
96	2020	青山学院大学	10:45'23
97	2021	駒澤大学	10:56'4
98	2022	青山学院大学	10:43'42
99	2023	駒澤大学	10:47'11
100	2024	青山学院大学	10:41'25

歴代優勝校

大会回	開催年	総合優勝校	総合記録
1	1920	東京高等師範学校	15:5'16
2	1921	明治大学	14:39'1
3	1922	早稲田大学	14:12'21
4	1923	早稲田大学	14:15'49
5	1924	明治大学	14:25'9
6	1925	明治大学	14:9'54
7	1926	中央大学	14:17'31
8	1927	早稲田大学	14:25'37
9	1928	明治大学	13:54'56
10	1929	明治大学	13:32'50
11	1930	早稲田大学	13:23'29
12	1931	早稲田大学	13:21'15
13	1932	慶應義塾大学	13:17'49
14	1933	早稲田大学	12:47'53
15	1934	早稲田大学	12:58'24
16	1935	日本大学	12:52'59
17	1936	日本大学	12:54'22
18	1937	日本大学	12:33'24
19	1938	日本大学	12:40'13
20	1939	専修大学	13:1'0
21	1940	日本大学	13:12'27
	1941 1942	(第二次世界大戦のため中止)	
22	1943	日本大学	13:45'5
	1944 1945 1946	(第二次世界大戦のため中止)	
23	1947	明治大学	14:42'48
24	1948	中央大学	13:21'10
25	1949	明治大学	13:36'11
26	1950	中央大学	12:35'36
27	1951	中央大学	12:20'13
28	1952	早稲田大学	12:35'7
29	1953	中央大学	12:3'41
30	1954	早稲田大学	12:21'10
31	1955	中央大学	12:8'40
32	1956	中央大学	12:4'49
33	1957	日本大学	12:14'4
34	1958	日本大学	12:2'17
35	1959	中央大学	12:1'23
36	1960	中央大学	11:59'33
37	1961	中央大学	11:55'40
38	1962	中央大学	12:14'5
39	1963	中央大学	12:0'25
40	1964	中央大学	11:33'34
41	1965	日本大学	11:30'41
42	1966	順天堂大学	11:20'1
43	1967	日本大学	11:24'32
44	1968	日本大学	11:26'6
45	1969	日本体育大学	11:30'58
46	1970	日本体育大学	11:31'21

第4章　怒濤の日々

「テレビが箱根駅伝を変えてはいけない」

プロデューサーの坂田は急がねばならなかった。企画に会社からGOサインが出たのはいいものの、番組制作は当然一人ではできない。核となるプロジェクトチーム、いわゆる「制作本部」をすぐに設置しなくてはならなかった。そこにどれだけ優秀な人材を集められるかも、プロデューサーの力量の一つだ。

人選に当たって坂田が何よりこだわったのは、「お互い尊敬できるかどうか」という点だった。

まずはずっと師弟関係にあった田中を、パートナーである「総合ディレクター」にすえた。

「細かい仕事ぶりで晃にかなう者はいない。そして自分にないものを、あいつは持っている」

プロ野球や高校サッカーの中継で一緒に組みながら、坂田は制作技術ノウハウだけでなく、「スポーツに対する愛情、真摯な姿勢」というフィロソフィー（哲学）を田中に伝授した。

「その競技と誠実に向かい合いなさい。そのスポーツが成長していくためには、テレビではどう表現すればいいのか。そういった考えを大切にしながらやりなさい」

田中が初めて野球中継のディレクターを務めたときには、坂田はアシスタント役を買って出て、注意やアドバイスをした。

箱根駅伝に関して言えば、「細かい交渉事は、いちいち僕に報告しないでいいから」と伝え、田中に全幅の信頼を置いて総合ディレクターとして育てようとした。

その一方で坂田がすべてのスタッフに、「これだけは絶対に忘れてくれるな」と口が酸っぱくなるほど繰り返したことがある。

「事故だけは、起こしてくれるな。準備期間でも本番中でも、事故を起こせば、来年はないと思え」

系列局からの援護を含め、制作スタッフ200名、技術スタッフ410名という未曾有の大プロジェクトだ。学生アルバイトを加えれば、700名に迫る人々が、年末年始を返上して、初の箱根駅伝生中継を実現するために働くことになる。だからこそ、不注意やミスで、全員の努力を台無しにするわけにはいかなかった。

そしてもう一つ。

「テレビが箱根駅伝を変えてはいけない」

これこそが、坂田が最もこだわったフィロソフィーであり、箱根への向き合い方だった。

「箱根駅伝は、戦前から今日まで、走った人、応援してきた人、面倒みてきた人によって支えられ、続いてきた伝統ある大会なんだ。僕たちはそれを、『放送させてもらっている』という立場だ。感謝の気持ちを忘れてはいけない。ありのままの箱根駅伝を、タスキをつなぐため懸命に走る選手たちの姿を映すことに集中しよう」

「箱根駅伝」は、決して明るい側面だけをもつ大会ではない。

重圧や気負いからブレーキを起こし、棄権せざるをえない者。中継所までがむしゃらに走ったのに、目の前で繰り上げスタートが行われ、次の走者にタスキを渡せなかった者。そんな者たちの無念さが、長い歴史には刻み込まれている。

しかし、一度でもその大舞台に立てた者は、まだ恵まれているだろう。

大会は、41年、42年と44～46年の計5回、太平洋戦争によって中断している。大声援の中、憧れの箱根路を走りたかったのに、その夢がかなわないまま日本から遠く離れた戦地に送られ、亡くなってしまった学生は少なくない。

そして平和になった現代でも、4年間一度も出場の機会がなかった者、直前で体調を崩し、本番では別の選手の付き添いをすることになった者、そういった悔し涙をのんだ選手のなんと多いことか。

そうした歴史や背景を知っているからこそ、坂田には番組作りで譲れない部分があった。

「どのチームが勝った、何分差で勝ったということを、きちんと伝えるのはスポーツ中継の基本だ。でも、それだけでは『箱根』を伝えたことにはならない。過去に走った選手たちの、『箱根』に対する思い。現役選手たちの思い、取り巻く人々の思い。様々な色、形の思いも含めて表現できないと、私たちに『箱根』を放送する資格はない」

田中も入社して箱根駅伝を取材し、レースの面白さを知ってはいたが、知れば知るほどその奥深さに取りつかれていった。

「企画」を立てたのは坂田だが、それをどんなふうにテレビで見せていくかという「具体的な番組作り」をするのは、総合ディレクターである田中の仕事だ。

田中の心の中で、番組の方針は固まりつつあった。箱根駅伝は、イベントとしては既に「風物詩」となっている。年末の恒例が「紅白歌合戦」なら、全国の年始の「風物詩」にしよう。ランナーが駆け抜けていく道筋の素晴らしさを紹介していこう。川のせせらぎ、新年の山々の美しさ、駅伝を応援し、選手たちを支えてくれている人々を知ってもらおう。60年以上前から今に続く、伝統ある「箱根駅伝」を、日本中の人たちに知ってもらおう。

それにはまず何よりも、映像と音声をしっかりつなぐことだ。

田中の補佐役は、竹下洋と平谷修三だ。

実は、竹下と平谷のつきあいは、誰よりも長い。中学校時代からの同級生で、互いの家に遊びに行くほど仲良しだった。高校はそれぞれ別の学校に通ったが、大学生のときに吉祥寺で偶然再会。それをきっかけに、ともにテレビ業界で働くようになった。

二人は当時、社外スタッフとして日テレに出入りしていた。竹下の月給はわずか6万円で、とても生活できなかった。しかし、身長188センチと長身の竹下を、「あいつは、でかいから目立っていい」と坂田が見初め、土日に行われるロードレース中継のフロアマネージャーを副業としてやり始めた。

平谷も同じ状況だったが、はっきりした目鼻立ちの整った顔立ちを生かし、テレビドラマの仕事が終わった後にバーの店員などをして、結構稼いでいたという。

実を言えば二人とも、箱根駅伝に対しては何の思い入れもなかった。制作本部のスタッフとして選ばれても、「箱根？　ああ、あの正月にやってるやつね」と思い浮かべる程度だった。

坂田同様、社会人になってもサッカー漬けだった平谷にいたっては、マラソンと駅伝の違いもおぼつかないほどで、『ただ走って、何が楽しいんだろう』と思う有様だった。

ただ、二人とも未知の世界である中継技術については関心が高かった。

「箱根地区でマイクロが届かない部分があって困っているんだ。でも、初の山岳ロード生中継を絶対成功させたいんだよ。手を貸してくれないか」

坂田からそう持ちかけられた二人は、若きテレビマンとしての挑戦者魂をくすぐられた。

「確かに、あんな山あいでの生中継は今までにはない。ちょっと面白いかもしれない」

キヨーレオピンとの日々

会社の正式許可が下りる前から、「制作本部」はスタートした。坂田は対外的な折衝が多かったため不在がちだったが、田中、竹下、平谷の「三羽ガラス」に加えて、事務連絡係の伊藤和美とマニュアル作り担当の池田《いけだ》真一《しんいち》が夏には参加。東海大学陸上競技部ＯＢで千葉大学院生の舟橋昭太《ふなばししょうた》も、「駅伝教師」として各大学とのパイプ役や選手の情報収集係を務めた。

リサーチャーの鎌田は「今昔物語」の完成を急いだ。坂田と田中が集めた、６人の「つわもの」たち。正月の本番まで、この制作本部の８人が家族よりも長く、不眠不休の濃密な時間を一緒に過ごすことになるとは、その時には誰も想像していなかった。

制作本部の拠点には、千代田区麴町にあった本社（現在は港区）の北館５階の１室があてがわれた。

20平方メートルにも満たない部屋には、机６つ、ミニ冷蔵庫、箱根のガイドブックや過去のロードレース録画ビデオが並ぶ資料棚、テレビ、ビデオデッキが置かれ、他にはほとんどスペースがなかった。窓のない、密閉された狭い空間に、いつも6～7人のスタッフがたむろしていた。タバコの煙は充満し、壁はヤニですすけていた。

「キヨーレオピン、切れちゃったよ。和美、買ってきてー」

徹夜はざらだったので、滋養強壮剤「キヨーレオピン」は大人気だった。これはニンニクから抽出したエキスをカプセルに入れて服用するもので、肉体疲労時には絶大なる効果を発揮する。薬局から買い置きしてあり、いつでも飲み放題。切らしてしまうと不安になるほど、スタッフの心身のよりどころとなっていた。清涼飲料水で割って飲んだり、ラーメンにかけて食べたり。おかげで、全身の毛穴からニンニク臭が漂うときすらあった。

制作本部の「住人たち」はその臭いに慣れっこになっていたが、たまに部屋を訪れたアナウンサーたちは、ドアを開けるやいなや、「うっ!」とのけぞる。

「なんて強烈な……。皆さん、やってますねぇ」

などと言って顔をしかめながら、早々に退散するのだった。

11月に入ると、あまりの仕事量の多さに、制作本部はキャンプ状態に突入した。

当時は「携帯電話」という言葉すらない、ショルダーホン（肩から下げる3キロもある電話）の時代だ。Eメールは一般的ではなく、スタッフ同士が連絡をとり合うのも大変だった。

　ワープロがようやく普及し始めた時代でもあり、ほとんどの原稿はまだ手書きだった。印字するのも一苦労。Ａ４サイズの表を１枚出すのに、15分もかかっていた。その後に誤字脱字が見つかれば、正しい文字を１文字ずつ貼りつけていった方が早い。機械のペースに合わせていると、いくら働いても仕事は終わらない、そんな毎日だ。


　山岳部出身の田中は、自宅から寝袋を持参した。１週間に一度、妻は幼子を連れて、会社の正面玄関まで着替えを持ってきた。

　10月頃から追い込みでちょくちょく制作本部に泊まるようになっていたが、11月には帰宅できる頻度が10日に一度、２週間に一度に減った。12月に入ると、まったく帰宅できなくなった。それでも田中には不満はなかった。こんな壮大なプロジェクトの責任者に指名されるなんて、幸せだと思った。

　平谷も、自宅には着替えを取りに行くくらいで帰らなくなっていた。制作本部が自分の家と化し、そのうち、パイプ椅子３つを並べて寝る方法を覚えた。枕は電話帳で代用した。パイプ椅子は腰を痛めてしまう。それでもあとは床か机に寝るしかないため、椅子で寝ることさえ早い者勝ちだった。

　いつも真っ白なシャツを着てきちんとした身なりを心がけていた竹下も、ほとんど布団で寝られない日々を過ごしていた。箱根地区の制作担当になった竹下は、箱根町や警察との調整・交渉で忙しくしていたが、つい弱音を吐いたこともあった。

「もう箱根にアパート借りちゃおうかな」

それほど竹下は箱根に通いつめていた。当時は社外スタッフだったために社用車を使うことができず、自家用車で毎日東京箱根間を往復していた。

午前4時ごろに制作本部を出て、道がまだ空いている明け方に車を飛ばす。箱根に着けば、町役場の駐車場に車を停めて仮眠する。やがて、すっかり顔なじみになった住込みの女性が「係長さんが来たわよ」と起こしてくれるようになった。

箱根町では昔から、「駅伝が来なければ正月は来ない」と言われるほど、「箱根駅伝」は愛されている行事だ。坂田たちは夏前に町役場に挨拶に行っていたが、観光産業課に配属されて11年になるベテランの係長・一寸木《ちょっき》富雄《とみお》が駅伝協力の窓口を務めることになった。

「箱根町の中で実況中継してくれるなんて、夢みたいな嬉しい話だ」

町役場の職員は皆親切だったが、一寸木は特に大車輪の活躍をしてくれ、竹下はどんな細かいことでも彼に相談できた。コースの下見のほか、宿や車の手配はどうするか。箱根地区には、300人ものスタッフが集結する予定だ。課題が生まれてくる。日が暮れて制作本部に戻った後は、その日のまとめや翌日以降の予定作りをする。そしてまた夜明け前には箱根に向かうという、ハードな毎日だった。

心に刻み込まれる「今昔物語」

鎌田は、最初のうちは三羽ガラス（田中、竹下、平谷）と距離を置いていた。「運動部の連中は排他的だから、やりにくいかもしれない」という噂を聞いて、勝手に身構えていたのだ。

当時はスポーツ中継における番組構成作家の立場は確立されておらず、アナウンサーに言われることもあった。

「中継にライターなんていらないよ。僕たち、自分たちで取材するから」

11月に入ったある日、田中が唐突に質問してきた。

「ところで鎌田さん、失礼ですがお生まれは何年？」

何でそんなことを聞くのだろう。鎌田は不安に襲われつつ、生まれ年を答えた。

その途端、田中は椅子からバッと立ち上がると、大真面目な顔で深々と頭を下げた。

「これまでの、失礼な言動をお許しください！　不肖田中、一つ年下でありましたっ！」

「え、年下!!」

鎌田はそのまま後ろへ倒れそうになった。リーダーシップのある田中のことを、鎌田は自分よりずっと年上の「オヤジ」だと思っていたのだ。まさか、そんなに若いなんて……。

しかしそれをきっかけにして、チーム内の距離感はなくなっていった。

「今日ね、こんな話を聞いたの」

鎌田は、取材で印象的だった話をメンバーや小川アナたちに打ち明けるようになった。たとえば、「幻の大会」と呼ばれた第22回大会の話だ。選手たちは走る喜びを満喫したが、その年学徒出陣で出兵し、還らぬ人となった選手も多い。

戦後は逆に、「軍部の強制によって、戦意高揚に利用された大会」だと誤解され、長らく正式な大会として認められることはなかった。ところが、中央大学のキャプテン村上利明が55年間も保管していた当時のプログラムにより、「関東学生陸上競技連盟主催」と判明、正式に第22回大会として歴史に加えられることになった。

日本大学の成田静司はこう語ったという。

「一番心に残るのは、靖國神社にゴールしてくる選手たちを、大学に関係なく全員が涙と歓声で迎えたことです。勝負よりも、最後の箱根駅伝を遂げたことに感激し、お互いに抱き合って健闘を称えたものです」

涙ぐみながら鎌田が語る心を打つエピソードに、猛者《もさ》たちも思わずもらい泣きをした。

取材を重ねるうち、鎌田はこう思うようになった。

『関東の学生の地方大会に、なんでこんなに皆が惹かれるのか。日本を代表する東海道で、それこそおじいさんから息子、嫁、孫まで、何代にもわたって住んでいる人たちが、正月にそろって箱根駅伝を応援する。小さい頃から見ているうちに、選手を目指し、実際走った人もいる。

その時々で、走る選手を祝福するように追い風が吹いたり、戒めるように向かい風が吹いたり、不思議なことが起こる。そして、多くの人の思いが、流れになって、コースになって、ランナーを運んでいく。走る姿に、観客は、自分の人生を重ねている。「あのレースのどこかに、自分もいる」。こんなレース、世界中のどこを探してもない』

坂田は鎌田が集めてきた過去のエピソードと、アナウンサーたちが取材してきた出場校の近況や話題の報告を聞き続けるうちに、「それぞれでミニドキュメンタリーが作れるな」と思いついた。

箱根駅伝の「今昔物語」が誕生した瞬間だった。

賢人・坂田とカリスマ・田中

「どう？　何か困っていることはない？」

毎晩9時を過ぎると、坂田はひょっこり制作本部に顔を出す。

「やりたいように、やってね」

そうは言いつつも、日に日にやつれていくスタッフの体調は気になった。

「無理しすぎちゃいけないよ」

夜食に、スタッフが食べたことのないような高級寿司を差し入れすることもあった。

スタッフたちは普段、弁当を買ったりラーメンやそばなどの出前を頼んだりしていた。食費は会社持ちだったので、薄給の社外スタッフにはありがたかった。

野球中継がない日の夕食は、情報交換の場となった。あまりに引きこもっていては精神衛生上もよくない。たまには皆で外食し、午前様になる前に珍しく仕事が終われば、四谷の洋風居酒屋へ繰り出したりして、メリハリをつけた。

プロデューサーの坂田のことを、「先生のようだ」と思っているスタッフは多かった。口数はそれほど多いわけではない。しかし、発する一言一言に重みがあり、何より後輩を「人材」として育てようとする姿勢があった。どんなスタッフとも気さくに話し、偉ぶることもない。

さらにスタッフの心を打ったのは、スポーツそのものに対する「愛情」だった。プロデューサーとして、視聴率は当然気になる。しかし、姑息な手を使って視聴率を稼ぐよりも、「スポーツ」そのものの「美」を描くことによって、視聴者の心を打とうとしていた。

その姿勢を誰よりも理解し、受け継ごうとしていたのが田中だ。

田中の働きぶりは、誰にとっても驚異的だった。聖徳太子よろしく、2つの電話で別々の人と話し、目の前にいる技術スタッフとは手を使って対話する。しかも、それぞれちゃんと話は通じている。他局で数多くのテレビマンを見てきた鎌田は、衝撃を受けた。

『仕事をしているときの田中さんのオーラはすごい。性別に関係なく、磁石みたいに人を惹きつける人だ』

多くの人を束ねる求心力。それは、坂田が狙ったとおりの田中の持ち味だった。

「早稲田では弁論部員だったに違いない」

そう勘違いされるほど、自分の意図と熱意とを伝える力があり、人心掌握術にも秀でていた。誰もがカリスマ性のある田中に「いい仕事をしたね」とほめられたくて、必死で働いた。そして、山で鍛えられた限界なき体力。坂田や同期のディレクターに、田中はこう諭された。

「みんながお前と同じ体力があると思ったら、病人が出るぞ。やりすぎるな」

田中の仕事の仕方で更に特筆すべきなのは、技術スタッフとの融合関係だろう。

それまでのディレクターは、制作サイドの人間という立場を崩さず、技術サイドのスタッフと交流を持つことはほとんどなかった。中継技術についてもあくまで「専門外」であり、きちんと勉強する人は少なかった。

しかし田中は違った。「箱根駅伝の演出力は『技術力』だ」と言い切り、最新中継技術を積極的に学び、番組制作に生かそうとした。

技術サイドのスタッフルームへ足しげく通っては質問をしたり、伊藤に「何かやることはありませんかと『御用聞き』に行ってこい」と言いつけ、技術スタッフとの交流を図った。

「中継技術について、こんなに勉強熱心なディレクターはいないよな……」

すっかり田中と意気投合した技術スタッフは、彼が望むことを、何とかして実現しようと思うようになった。こうして、一つの目的に向かって、皆が同じ方向へ進み始めたのだ。

田中はよく、技術スタッフに相談に行った。

「ちょっと思いついたんだけどさ、こんな絵が撮れたらすごいと思わない？」

それがかなり無茶な注文で、その場では「技術的に無理だ」と却下されても、数日後にその技術スタッフから、

「あのさ……。先日の件だけど、こうすれば撮れるかもよ」

とアドバイスされることもたびたびあった。

「600人全員のモチベーションが100％じゃないと、乗り越えられないことが多すぎるイベントなんだ。『また来年も苦労するのか、やだな』じゃなくて、『また来年も苦労したいぜ』って、みんなが思うようでないとやれないよね。2年目から苦労が楽にな

るわけじゃないんだし。だから、技術さんも『自分たち発』でやろうよ。制作が『やろう』って言うからやるんじゃなくて、『技術はここでこんな演出をしたい』って制作に提案してよね。そういうふうに、やっていこうよ！」

その呼びかけに、技術サイドも応えた。プロジェクトが進み、本番を間近に控える頃には、技術サイドはこう言うようになっていた。

「田中？　あいつは『制作』の人間じゃないよ。『技術』の人間なんだ。俺たちの仲間だ」

制作サイドのカリスマは、技術サイドをも魅了したのだ。

画期的システム、「MESOC《メソック》」誕生

プロジェクト立ち上げにあたり、坂田はコンピューターによる「速報システム」の構築を平谷に託した。

当時、ワープロを使いこなす人はいても、パソコンは普及していない時代だった。託されたはいいものの、果たしてどこまで期待に応えられるか、平谷は正直言って自信がなかった。

「各区間の距離」（各区は何キロあるのか）、「スタートしてからの経過タイム」、「走行済みの距離」（選手は今、何キロのところを走っているのか）の表示は必須だ。

各中継所、つまり選手が次の走者にタスキを渡すところでは、それぞれの選手の「区間タイム」と「区間順位」を出したい。

さらには、各大学ごとの中継所における「通過順位」とトップのランナーとのタイム差、各大学ごとの「成績変動グラフ」（1区は何位、2区は何位だったか）もぜひほしい。

そういった細かいデータを、瞬時に、しかも正確に示さねばならない。「区間新記録」が出たときには、当然表示する必要がある。

まずネックになったのが、「繰り上げスタート」だ。

一人が全行程を走るマラソンにはない、駅伝ならではのルールなのだが、トップの走者から10～20分（区による）以内に自分のチームの走者が到着しなければ、次の走者はスタートを切らなければならない、というものだ。

そのために、「見た目の順位」と「実際の順位」とが必ずしも一致しないことがよくある。たとえば、ある選手がごぼう抜きをしてトップに立ったとしよう。一見そのチームは首位であるように見えても、実はその選手が繰り上げスタートをしていれば、そのチームは首位どころか、4位ぐらいだったりすることもある。

往路ではそれほどややこしくないルールだが、復路の場合は大変だ。往路の総合タイムが首位のチームから10分以上離されてしまったチームは、6区で首位チームのランナーが出発して10分後に、一斉にスタートさせられる。先にゴールをしたチームが、最終的な総合順位で負けたりするのは、「繰り上げスタート」のせいなのだ。

関東学連の関係者も、気の毒がった。

「繰り上げがある時の順位は、いくらコンピューターでも瞬時に判断処理できないでしょう」

プログラム構築は、NECに委託することになったが、そんな複雑なルールを技術者たちにどう理解してもらえばいいのか。平谷の試行錯誤が始まった。

平谷は大学名を書き込んだ消しゴムを15個用意し、30センチの定規の上に、数センチ間隔で置いてみた。その数センチは、選手の距離の差を意味している。

「トップの選手が、たとえば今、ここにいて。2分差で2位のチームがここにいて……」

消しゴムと定規を使い、具体的に視覚化して見せた。いくつもある展開パターンを予想し、自分から技術者たちに問いかける。技術者たちに理解してもらわないことには、わかりやすい画面表示など望めない。

幸運なことに、陸上競技に詳しい人が技術者の中にいたため、彼らの理解は早かった。

また、駅伝の決まりごとさえしっかり把握すれば、経験豊富な技術者にとって、プログラム構築はさほど難しい作業ではなかったようだ。

「スタート時間に、現在の時間を足してあげる。つまり単純に積算して表示すればいいんですよね？」

技術者たちは休みを返上し、徹夜を重ねて平谷の期待に応える立派なプログラムを開発してくれた。そうして生まれた速報システムを、平谷は「MESOCシステム」と名づけた。それは、『M＝マランソン、E＝駅伝、S＝速報、O＝オンライン、C＝コンピューター・システム』の略だ。

35年以上前に開発されたプログラムは、基本的に現在も利用されている。MESOCシステムの完成度は、それだけ高かったのだ。

システムが完成したのち、平谷は技術者たちと作動テストをしてみることにした。

肌寒い11月夜半、しかも大雨という厳しい日をあえて選び、本社の南館駐車場に1台35キロもある米国製コンピューターを持ち出して、電話線と発電機とをつないでみた。屋根こそあるが、駐車場には風が吹き込んでくる。平谷たちの手はかじかみ、頬は赤くなる。暗闇の中で、息が白く浮かんだ。

「この寒さと風雨と発電機に、コンピューターは本当に数時間も耐えられるかなあ」

当時のコンピューターは非常にデリケートで、無菌室のようなところでしか使えなかった。真冬、しかも湿度や温度がくるくると変わるほこりっぽい屋外で使用するなど、ありえない話だ。しかも、箱根の冬はとても厳しく、雪や霧が当たり前だと聞いている。その箱根の山中や国道で、果たして使えるのだろうか。平谷たちは、マイクロバスのエンジンをかけ、わざと排気ガスがコンピューターにかかるようにした。

コンピューターは予想に反して、順調に動き続けている。かなり長時間実験をしてみたが、結局何のトラブルも起きなかった。

「あれ、結構いけるんだ」

「コンピューターって、外に置いといても意外と平気なものなんだね」

平谷はホッとして、NECの技術者たちと笑顔をかわした。

実際のレースでは、選手たちの記録の集計は思いのほか大変だった。

全中継所とゴール地点にコンピューターを設置、スタッフを最低4人つける。往路で11か所ある測定ポイントにはアンプ電話を2台ずつ置き、スタッフを2名つけた。計った選手の記録は、全中継所とゴール地点では、すぐその場でコンピューターに入力。

持ち歩きを想定していないだけに、コンピューター用のバッテリーなどない時代だ。電源は発電機だったが、電圧が一定でないために周波数が乱れてしまう。

さらに携帯電話もない時代だったため、平谷は一般の電話回線の倍に当たる4回線の専用電話線をわざわざ電話局に頼み、近くの電柱に這わせてもらった。それをコンピューターのモデムにつないで、入力したデータを本社内に設置した「記録センター」のホストコンピューターへ送信する。

測定ポイントからは、記録センターへ電話し、ホストコンピューターに記録を入力してもらった。

色違いの4つの銅線がむき出しになっているため、結露するとさびてしまう。NEC

の技術者もアルバイトの学生たちも、さびを見つけては紙やすりでせっせと磨いた。

制作本部での早朝会議事件

坂田と大西はある日、部長クラスを集めて早朝会議をすることにした。場所は制作本部だ。

ドアを開けて部屋に入ると、くっつけてある机の上で、誰かが大の字になって寝ている。

「えっ」

それは、熟睡している平谷だった。

坂田は落ち着いた声で、「ノー・プロブレム！」とだけ言い、部屋へ部長たちを招き入れた。平谷が寝ている机の周りを、部長たちがぐるりと囲む形で会議は始まった。

寝ている平谷の耳に、誰かの声が届き始めた。『うーん、誰だ？　うるさいな……』

夢うつつのうちに、それは坂田の声だということが分かってきた。

『坂田さん？』

耳をすますと、大西の声もする。

『あれ、やだな。これって今、どういう状況なんだ？』

そう思っても、しばらく動けない。薄目を開けてみると、他局の部長の顔が目に入った。

『うわー、偉い人たちが、会議やっているんだ。どうしよう』

しかも会議の内容は、自分が聞くべきではない、微妙な話だった。起きるのも恥ずかしいが、そのまま寝たふりを続けるのもつらい。

「うーん……ん？」意を決して、平谷は起き上がった。

「あ、おはようございます。すいません、こんなところで寝ちゃってて」

すると、坂田は怒るどころか、優しく微笑んだ。

「おお、平谷くん、ごめんね。起こしちゃったかい」

普通のプロデューサーだったら、怒鳴り散らすところだ。しかし、平谷が寝る間を惜しんで働いていることを、坂田はよく承知していた。田中が「かつてない怪物」なら、坂田は「賢人」タイプ。本当にいいコンビだと、平谷は思った。

おもしろ記事満載の「制作ニュース」

残り2か月近くになっても、箱根の山間部からも電波をつないで初めて中継するという技術的にも大きなチャレンジは注目どころか、話題にもなっていなかった。年末年始の特別番組の準備などもあり、社内のどの部署も各々の業務に集中していて、他人の仕事に関心を寄せる余裕はなかった。

ただでさえ技術のスタッフは縁の下の力持ちになりがち。当時、番組の最後に流れる制作メンバーを紹介するテロップにも、技術系スタッフの名前が入ることは多くなかった。

「社内にもっと箱根駅伝の協力者やファンを作らないと。何ができるだろう」

坂田には、歴史的なすばらしい番組になる自信はあった。前代未聞の試みの高揚感を社内中で共有してもらいたいし、最高難度の中継のために知恵をしぼり、汗を流している技術のメンバーを表舞台に出したい。そうすることで、チームの一体感とモチベーションがより高まるし、楽しみながら仕事ができるはずだ。

「読んでもらえるかわからないけれど、瓦版を作って、配ってみよう」

11月から1週間に1回、大会情報や歴史だけでなく、技術の新しい取り組みなど制作現場の「いま」を社員に伝える週報『箱根駅伝制作ニュース』を発行し始めた。絵や地図は手書き、ワープロで打った文章を切り貼りして並べ、コピーするなど「手作り感」満載だ。

「OA《オンエア》まであと52日」と綴った記念すべき11月10日の創刊号は、B4判サイズの横書きで絵も写真もなく、文字だけ。ごくシンプルなビジネス文書のような作りだった。

「WEEKLY NEWS」として3日に大井埠頭《ふとう》で行われた予選会のニュースと第63回大

会の出場を決めた大学名、記者発表会の案内などが載っている。

今後の作業日程の欄には、「10日 鷹巣山機材設置地点、関係役所立ち合い下見」「11日 神奈川県警とカメラ・中継ポイント確認、現場説明 NECと速報技術打ち合わせ」、「14日 社長説得下打ち合わせ」などが並んでいる。「箱根一口クイズ 『車夫代走事件』」の後、「今後、月曜日毎に発行する予定です。乞ご期待⁉」という一行も。

1週間後に出した第2号は「速報! 番組正式タイトル決定」がトップニュース。B4判に写真や見出しがレイアウトされ、ミニ新聞のような体裁になってきた。下部には「この枠を一口買うだけでもうあなたはエリート宣伝マン! 社内評価もグーンと上がり、もう出世間違いなし さあ今すぐお電話を! ♪トウキョウ ゼロサン ニイロクゴオ ノ ……」と某通販会社のテレビCMを彷彿させる文言で、番組スポンサーを募っていた。

そのおかげか、営業担当者の机の電話は鳴り続け、CM枠は12月中旬に完売。サッポロビールの16分枠を筆頭に名だたる企業16社、計60分枠が埋まっている。

その後の号では箱根駅伝の秘話クイズや、アナウンサーが現場で取材してきた「ちょっといい話」を入れ、トップニュースで「東京—箱根 往復200キロ マイクロテストほぼ完了‼」の見出しで、マイクロテストを紹介。アンテナなどがぶら下がった気球にロープをつなげ、スタッフが動きをコントロールしている写真もあり、関心を引いたに違いなかった。

「最終段階！　中継技術会議」と銘打った囲み記事（12月8日版　第5号）にはこう書いてある。

「去る、12月3日、各ポイントTD《テクニカル・ディレクター》及び中継技術スタッフによる会議が開かれた。各ポイントのチェック及び、本番までのスケジュール、そして田中D《ディレクター》の打ち合わせは長い、等が確認された。8時間にも及ぶ会議をものともせず、積極的な意見が出され、終始笑いが絶えなかった。早く来い来いお正月ってとこか‼」

ハードな労働環境下でもユーモアや情があふれ、エネルギッシュな制作現場の様子が伝わってくる。

「学生の部活動みたいな雰囲気でしょう？　ただただ仕事をこなすだけじゃなくて、そういうのも大切だと思って。アナウンサーが決まったら顔ぶれや意気込みを伝えるなど、一緒に仕事する仲間たちに、エールを送る。それはプロデューサーの仕事だなと思ったし、他の職場の人の関心も高くなってきた。体裁も立派すぎる必要はないんだよね。手作り感があってこそ、意味があると思う」。坂田は今、そう振り返っている。

「社内番宣」効果は、いろんな形で出てきた。

箱根の宿舎の管理業務などを務める人材が足りなかったので、制作ニュースで求人したところ、各部署から20人くらい応募が来た。坂田は喜んでシフト表に応募者の名前を書き込んでいたら、人事部から突然、電話がかかってきた。

「局長が坂田さんにお話があるとのことです。こちらへ来てください」

呼ばれた先の部屋で、人事局長から「応募者の所属部署のシフトに穴が開くじゃないか。年末年始に働くのだから、休日手当や代休だって必要になる。勝手にできることじゃないんだよ」と諭された。その上、「何もしないわけにはいかないので」と言われ、始末書を書く羽目になった。

それでも局長も気持ちの上では坂田の立場を理解してくれていたようで、「所属先の上司の許可があれば」と条件付きで「緊急社内採用」を認めてくれた。その結果、数人が手伝ってくれることに。宿舎のマネジメントも、坂田の意中だった人にお願いし、やってもらえることになった。

伊藤が「制作ニュース」を社内に配りに行くと、最初は「何これ?」と反応が薄かった。それでもめげずに続けていると、徐々にサポーターが増えていった。まったく知らない人からも、「頑張れよ」「大丈夫?　寝られているかい?」などと声をかけられるようになった。

12月29日の最終号には、「箱根恋文集」として4日後のOAに向けた心情が並んでいる。

「直径0・5ミリの細い音声線。ここを青春の吐息が走り抜ける。冷たい針金が何故か熱く感じる。　音声チーフ　大森達雄」

「箱根にあこがれ、箱根をめざし、そして箱根を走れなかった自分。その悔しさをすべて放送にぶつけます。　制作本部　元東海大学陸上部　舟橋昭太」

「人を愛することは知っていました。
　でも箱根を愛したのは初めてです。
　　愛することっていつも辛いですね。　制作本部　平谷修三」

「たまには制作本部の鍵を返却してください。　北本館警備窓口」

　最後を締めたのはこの二人だった。

「数多くのスポーツイベントを生み育ててきました。そして箱根……私は幸せなプロデューサーかもしれない。　プロデューサー　坂田信久」

「いまは何も言いたくありません。
言葉にすると築きあげた箱根への想いが減ってしまうような気がして……
すべて本番にぶつけます。
画面から私の熱き想いをきっと聞いてください。　チーフディレクター　田中晃」

涙のクリスマス

12月に入って、街中にはイルミネーションが輝いていた。しかし、制作本部のスタッフにクリスマスなど関係なかった。22日版の制作ニュースの編集後記にはこんな切ない文が載っていた。

「凍えるような寒さ、クリスマス……

　この寒さの中、街で見かけた、ショートカットに赤いセーターが良く似合う女性が『雪が降れば、もっとロマンチックなのに……』などと、黒ジャンパーのダサイ男と語りあっていた。

……フ、フ、フッ、よせよ。

　選手が滑ったらどうすんだよ！

　中継車の走行に影響したらどうしてくれんだよ！

　久野林道山頂のスタッフが可哀想すぎるよっ！

　おっといけない、つい、怒ってしまったぜ。でも雪の箱根路……、きっと綺麗だろうなぁ！」

　24日のクリスマス・イヴ。本番まであと10日もない。まさに修羅場を迎えていた。

「でもさ、せめてケーキくらい買ってきて、みんなで食べようよ」

伊藤がケーキを買ってきて、みんなで和やかに食べていたとき、池田が外から戻ってきた。

「おかえりー」

声をかけても、池田からは返事がない。目を伏せ、どうも元気がなさそうだ。

「池田、どっか調子、悪いの？」

「俺……悲しいよ……」

「どうしたんだよ？」

「いや、今日、街はクリスマスでしょ？　東京のイルミネーションって、すごくきれいなのに。みんなカップルで腕組んで歩いているのに。……俺、ここで何やってるんだろう……」

落ち込む本人を前に、制作本部では爆笑が起きた。皆楽しそうに笑っている。

伊藤は皆の笑顔を見て、なんだか嬉しくなった。

あまりの仕事量の多さについミスをしてしまい、最年少の伊藤は叱られることも多かった。トイレで泣いたことも何度もある。

しかし、この頃になると、誰もが誰もに寛容になっていた。伊藤は久しぶりに、心から笑うことができた。

「駅伝放送手形」

制作本部では、番組スタッフに配る「マニュアル」作りに追われていた。これは、中継の詳細なスケジュール、全コース紹介、スタッフ配置表、MESOCの説明のほかに、各大学の出場選手名や過去の大会記録などを約120ページにわたって掲載したものであり、これ1冊で番組のすべてを把握することができる、スタッフたちの大事な虎の巻だ。

ある晩、坂田が缶ビールとつまみを買ってきて、制作本部のメンバーを集めた。

「このマニュアルのタイトルをみんなで考えようよ」

中継に関わるスタッフは総勢600人以上もいる。坂田はその全員と直接話をすることはできないが、箱根駅伝の中継を通じて何を伝えたいのかを代弁してくれる重要な存在が、このマニュアルだった。だからこそ、ネーミングにもこだわり、一晩かけて「放送手形」と名づけた。

もちろん、江戸時代に重要視されていた箱根関など、関所を通る時に見せる必要がある手形にひっかけてのことだ。表紙には歌川広重の有名な浮世絵、「東海道五十三次」の箱根の絵が使われた。

その冒頭には、総合ディレクターである田中の決意表明がある。全文をここに紹介しよう。

「はじめに

正月2日。静まり返った大手町のビジネス街に一発の号砲が轟く。それを合図に鍛えられた15の脚が新春の大地に蹴り出される。213・9キロに散りばめられた150のオムニバスドラマの開幕だ。

箱根駅伝はレースと呼ぶにはあまりに人間臭い。

学徒出陣を前に、この世に生きた証を求めて走った男たち。

年に一度の大会のために、大学に入り直してまで、8年間の学生生活を確保した者。

過去62回の歴史が生んだ幾多のドラマ。そして数多くの名ランナーたち。

河野《こうの》謙三《けんぞう》が箱根路を走り、中村清《なかむらきよし》がアンカーをとり、宇佐美が、瀬古《せこ》が東海道を駆け抜けた。手から手へ、時代から時代へ。熱い魂のタスキが手渡されてきた。

そして昭和62年1月、第63回を迎えて、スタートにつく栄光の15大学。

順大の石原は連覇の夢を抱き、日大の笠間は、昨年の屈辱を胸に刻む。

タスキを渡し終え力尽きて倒れ、タスキを受け取り決然と立ち向かう。

早稲田の1年生池田は伝統と云う名のプレッシャーに勝てるだろうか。

年齢制限のために、走ることを許されぬ駒大4年生28歳大八木、彼の熱い想いは、伴走するジープから、後輩たちに届くだろうか。

幾多のドラマを演出してきた湘南の風と箱根の険は、昔と少しも変わることなく彼等を待ち受けている。

そして今、私たちはこの箱根駅伝の感動を、全国の正月の茶の間に生中継しようとしています。フルマラソンのおよそ5倍のレース距離と、テレビ史上初の山岳ロード生中継。

選手たちが箱根の山に挑むように、それは、テレビに生きる私たちにとっても新たな挑戦です。

その第一歩を踏み出すにあたり、私たちは次の言葉を心に刻みたいと思います。

10人のランナーがタスキを継ぎ、一歩一歩積み重ねて、勝利を手にするように。

私たち700人のスタッフが、一人一人肌でとらえた感動を、一つ一つ丁寧に、丹念に紡いでいけば、必ずや成功を手にするだろう」

箱根駅伝のオンエアまで、あと1週間に迫っていた。

第5章　箱根狂騒曲

300人分の宿と食事

平谷は東京地区の、竹下は箱根地区の制作担当として忙しく立ち働いていた。

制作担当がこなす仕事は様々だ。スタッフの宿泊と食事の手配は、基本中の基本だ。

今回は特に、未曾有の大プロジェクトであるため、どこから手をつけていいか見当がつかないほど仕事は山積みだった。

箱根地区の最大の問題は、宿探しだった。9月に入ると坂田は竹下に言った。

「スタッフの宿と弁当の手配をそろそろお願いね」

「任せてください。人数はどのくらいですか」

「うーん、300人くらいかなあ」

「さんびゃくにん？」

人数を聞いて竹下は仰天した。しかも、機材の設営や最終的なマイクロテストをするために、本番前の12月29日から予約をしなくてはいけないという。

それでも当初、竹下は楽天的だった。

「箱根にはホテルや旅館が山のようにある。5軒くらいに分かれてもらうことになるかもな」

しかし予想に反し、２００軒以上あるホテルや旅館のどこに問い合わせてみても、まとまった空き部屋のある宿は見つからなかった。

都心から車や特急で２時間足らず。温泉地として有名な箱根は、正月は特に人気がある。一般の宿泊客だけでなく、駅伝の出場選手の家族や応援に来た大学ＯＢたちがこぞって泊まるからだ。箱根駅伝ファンは、帰るときに必ず次の年の予約を入れるという。

「こりゃ参ったな……」

困った竹下は、箱根町役場観光産業課の一寸木に相談に行った。面倒見のいい親分肌の一寸木を、竹下はとても頼りにしていた。交渉ごとがあるとき、一寸木が１本電話を入れるだけで、スムーズに事が運ぶことがよくあったからだ。

また、小高い山が入り組んだ箱根で迷子になるスタッフが続出したことを聞き、一寸木が詳細な地図を用意してくれたこともあった。その地図にはスタッフが、「ついに登場！　窮極の地図　見るだけで興奮！　こんな地図が欲しかった。これさえあれば、もう箱根は俺の庭！」とキャッチコピーをつけ、全スタッフに配って喜ばれた。

「あの～、一寸木さん。ちょっと宿を取ってもらいたいんだけど」

温厚な笑顔が印象的な竹下が、今日は珍しく困った顔をしている。妙な予感がして、一寸木は機先を制した。

「まさか正月に、宿を取ってくれっていうんじゃないよね」

「それが……。暮れから正月にかけてなんだけど……」

「1部屋？　駅伝関係者？」

「まあ〜、そうなんだけど……」なぜか竹下は、言葉を濁す。

「まさかスタッフだったりして？　人数は？」

「部屋が空いてないとは思うんだけど……。希望は、300人で……」

「マジで？」

一寸木は目をむいた。しかも予算は、食事つきで一人5000円だという。

「……竹下さん、それは難しいよ」

正月は箱根にとって稼ぎ時だ。豪華なおせち料理をつけるため、3万円以上の予算が必要になる。一寸木はすぐさま数か所に電話をかけたが、どこも満室だった。

「残念だけど、その人数とその予算だと、きついなあ……」

頼みの綱の一寸木にそう言われ、竹下は愕然とした。もう10月だ。あと3か月もない。


『箱根を制すものは、駅伝を制す』

この言葉は、険しい箱根のコースを称して駅伝関係者が言い始めた言葉だ。

今や、制作本部の面々にとってもその言葉はまったく同じ意味合いを持っていた。あの5区と6区を制することができなければ、今回のプロジェクトは失敗だ。なんとしてでも、300人が泊まる場所を確保しなくてはならない。大量の機材が置け、スタッフが寝ることのできる場所。それはこの町の、いったいどこにあるんだろう……。竹下は泣きたい気分だった。

ある日竹下は、芦之湯温泉で更地になっている土地を見つけた。「箱根芦之湯フラワーセンター」を作っているところだという。

「そうだ！　ここにプレハブで仮設住宅を10棟くらい建てさせてもらえれば……」

すぐさま一寸木に相談したが、彼はまた首をひねった。

「プレハブか……。それもお金がかかると思うよ」

早速プレハブの値段を調べてみると、これが予想外に高い。完全に予算オーバーだ。

芦ノ湖近くにある「箱根園」の「箱根ピクニックガーデン（現・富士芦ノ湖パノラマパーク）」にテント村を建てる、という妙案も出したが、それも断られてしまった。

それでは、「学校」はどうだろう。箱根町には学校がいくつかある。年末年始は誰も使わないはずだ。300人のスタッフは、「体育館」に寝ればいい。機材もそこに置いて、中継の基地にできるだろう。校庭を駐車場として使わせてもらえるかもしれないし……。

一寸木はすぐさま教育委員会にかけあってくれたが、返答は残念ながら「ノー」だった。タバコの不始末による火災を懸念したのだ。

これでもう、箱根町に目ぼしい大型施設はない。竹下はひとり、頭を抱えた。

一寸木ももちろん手をこまぬいていたわけではない。「駅伝が来なければ正月は来ない」と誰もが口をそろえるほど、箱根駅伝は昔から町民に愛されているイベントだ。一寸木は中継所の一つである小田原で生まれ育ち、駅伝常連校の日本大出身でもあった。役場には駅伝コーチをしている先輩もおり、箱根駅伝に対する関心は人一倍高かった。

実をいうとそれまで一寸木は、マスコミに対して強い不信感を抱いていた。温泉ブームにのって数多くのテレビ局や雑誌の記者が箱根にやって来たが、「紹介してやる」「協力して当然だ」という居丈高な態度を取り、宿泊費や食事代を払おうとしないことが結構あったからだ。

竹下が初めて挨拶に来たとき、一寸木はてっきり同じ輩《やから》かと警戒し、「マスコミの取材の仕方に、俺は納得できないんだ」と不満をぶちまけた。

竹下がそこで取った姿勢は、今までのマスコミ人とは一線を画したものだった。

「私たちは、『箱根駅伝』の中継を行いたいんです。これまで不可能と言われてきた箱根地区での生中継に挑戦して、箱根の山を駆け抜ける選手たちの姿を全国の人に伝えたいんです」

「箱根駅伝の中継？　なんだ、そうだったのか」

一寸木は顔をほころばせた。

元々箱根町は、箱根駅伝に様々な協力を惜しまなかった。テレビ中継が始まるずっと昔から、名産品である「箱根寄木細工」の記念品や、一寸木発案による5区6区を走った選手全員の写真パネルなどを贈呈していた。

また一寸木は、東京12チャンネルの放送を見て、『箱根も生中継してくれたらなあ』と思っていた。「スポーツ・ドキュメンタリー」に必ずするという日テレの中継姿勢と竹下の真摯な態度、このプロジェクトを必ず成功させるという強い使命感に触れ、できるかぎり協力することにした。

「学校の体育館でいい」「寝袋や食事は、自分たちでなんとかする」という条件を聞いて、一寸木にはひらめくものがあった。「体育館」でもかまわないなら、一つだけ心当たりがある。

一寸木は早速、箱根小涌園（現・箱根ホテル小涌園）の営業企画課長・森本昌憲《もりもとまさのり》に電話をかけた。

当時の小涌園は本館の旅館と別館のホテルをあわせ、最大で２０００人を収容していた。一般客や大学の応援団などで既に予約はいっぱいだったため、一寸木が以前かけてきたときには、「部屋はないよ」と森本は断っていた。

「森本さん、例の日テレさんの話なんだけど、『こどもの村』の体育館を貸してあげられない？」

当時、箱根小涌園には、「こどもの村」という施設があり、体育館を併設していた。

「どうして体育館を？」確か、300人が泊まる「部屋」が必要だったはずだ。

「なんでも、300人が一緒にいられて、屋根さえあれば、それで充分なんだって」

「泊まれさえすればいいの？」

「そうみたい。暖房も、自分たちでなんとか調達するって言ってるけど……」

「体育館は、暖房設備がないから寒いよ。体育館でもいいなら、会議場と宴会場はどうかな。年末年始に団体客は来ないから、会議も宴会もなくて空いてるよ。暖房もあるし」

一寸木からその話を聞いた竹下は、顔をパッと輝かせた。

「本当ですか⁉」

「その代わり、正月は人手がないから、布団も食事も出せませんが、だって」

「もう、全然、かまいません！」

屋根と暖房さえあれば、それでいい。竹下はすぐさま箱根小涌園へ向かった。

「どうぞ、こちらへ」

森本は、ホテルマンらしく洗練された物腰の男だった。竹下の話を聞いて穏やかに微笑むと、国際会議場へと案内してくれた。

ホテルから渡り廊下を伝って少し歩くと、400畳もある立派な国際会議場「蓬莱《ほうらい》の間」があった。天井も高く絨毯敷きの広いホールだ。

隣接した別棟には、ふすまを取れば270畳もの広さになる多目的宴会場「富士の間」があった。

竹下は、夢心地だった。会議場は、中継用の大量の機材を置いたり会議をしたり、スタッフが食事をするのにぴったりだ。宴会場は、清潔な畳敷きだし、何の不満もない。

森本は京都生まれだったが、藤田観光に入社して20年近く箱根小涌園で働いていた。駅伝時には沿道で宿泊客の整理をしつつ、走る選手を間近で見ていた。

「箱根駅伝のために一生懸命考えてくださっているのに、泊まるところがないことぐらい悲しいことはありません。布団や食事のお世話はできないのですが、お風呂はどうぞ、ご自由にお使いください」

「ありがとうございます！　ぜひよろしくお願いします！」竹下は深々と頭を下げた。

小涌園はその名も小涌谷というところにあり、５区と６区のほぼ真ん中に位置する。つまり、折り返し地点と小田原中継所、そして山へ向かう、どのスタッフにとっても便利な場所だ。おまけに小涌園前には、箱根のコースには珍しい、大きななだらかなカーブがある。絶好の撮影ポイントになる。

ひょうたんから駒で理想的な場所が見つかり、竹下はようやく肩の荷が下りた気がした。

布団も、なんとか貸し布団屋から借りることができた。

しかし、それは甘かった。次の難問は、食事の手配だった。

宿と同様、箱根地区の弁当屋は全滅だった。隣の小田原市でも配達をしてくれる弁当屋は皆無だ。コンビニもちろん普及していない時代だ。

腹を空かせた300人の猛者たち……。暴動が起こるかもしれない。想像するだけで、竹下は焦った。

結局応じてくれたのは、芦ノ湖をはさんで遥か彼方にある静岡県沼津市の小さな弁当屋だった。1日3回、計900人前を頑張って運んでくれるという。

「よかった、なんとかなった」

その安堵がつかの間のものだったとは、その時の竹下は知る由もなかった。

次々と決まるスケジュール

9月以降は、重要な行事や決定事項が目白押しだった。

まず、9月5日には「社内説明会」があり、総務部、編成部、広報部など、各部署からプロジェクトメンバーが集まった。

10月9日には、実況を担当する全アナウンサーが決定。

11月3日には、予選会があり、出場校15校が出揃った。

11月11日には、神奈川県警による立ち会い下見が行われた。これは、中継ポイントや移動中継車、定点カメラ位置などの了承を神奈川県警から得るという重要なものだ。

11月19日には、渋谷・岸記念体育会館にて関東学連による「記者発表会」が行われ、日本テレビが中継を行うことが発表された。

11月27日には、全国の系列局からの応援スタッフが決定。

12月9日には、ゲストと解説者が決定していった。

崖っぷちの「箱根センター」

箱根地区の中継をつかさどるのは、「箱根センター」と呼ばれる、二子山にあるＮＴＴの無線中継所を特別に借り受けたところだ。そこに運び込まれた機材の数は膨大だった。まずは技術の大森や山中ら技術スタッフの先行隊が、12月29日から箱根へ乗り込んだ。午前7時に東京の本社から、荷物運搬用の中継車、人員輸送用小型バス、2トン積みトラック3台、ジープの計6台で隊列を組んで進んだ。高速道路から小田原厚木道路へ。渋滞もなく予定より早く箱根に到着することができたが、小涌園を過ぎると、急に路面が雪で白くなった。寒さも尋常ではない。

無線中継所は二子山の山頂にあり、標高約１１００メートル。入り口の門から建物までは、勾配15度の坂道1・5キロを登らなければたどり着けない場所にある。

しかし、門に着いた時点で20センチの雪が積もっており、一面の銀世界だった。

「これはだめだ、登れないでしょう！」

立会いのために午前10時に来てくれたNTTの社員が叫んだが、大森たちはあきらめない。

「いえ、なんとしてでも今日中に機材を運び上げないといけないんです」

四輪にチェーンをつけたNTTのランドクルーザーで、まず200メートルほどのつづら折りを上がる。前輪にチェーンをつけた四輪駆動の中継車がそれに続いた。しかし、中継車が急勾配の折れ曲がりでスリップし、6メートルもずるずると後退してしまった。

「やばい、後ろは崖だ」

車は道路の縁石でかろうじて止まっている状態だった。もう1センチも動けない。そのためランドクルーザーで無線中継所に常備してあるという雪かき用のシャベルを取りに行ってもらった。

「みんな、雪をかいてくれ！」

手分けをして必死に雪をかいた上、滑りそうな場所には融雪剤の塩化カルシウムをまいていく。しばらくすると雪が溶けて、ようやく黒いアスファルトに変わっていった。

機材のほとんどは2トン積みトラックの中にあり、山頂まで上がるのは到底不可能だった。結局、3台あったランドクルーザーを何度も門と頂上の間を往復させた。

機材を運び終えたときには午後6時になっており、予定より2時間もオーバーしていた。

涙の小涌園

「やれやれ、しょっぱなから大変だったな」

箱根センターへの搬入を終えると、山中たちはウキウキして小涌園へ向かった。まずは温泉で凍えた体を温めよう。そして、豪華な食事に舌鼓を打ち、酒を飲んで、疲れを癒そう。

到着した技術スタッフは、なぜか個室の鍵を渡されることもなく、宴会場に案内された。

「なんだ、まずは大広間でごゆっくり、ってことかな。ひと風呂浴びてくるか」

とりあえず温泉に入ったはいいものの、がらんとした宴会場に、御膳が運ばれてくる気配はない。

「いったい、どうなっているんだろう」

不安になった山中は、東京で会議中だった大西に電話で問い合わせてみた。

「小涌園に着いてるんですけど、食事はどうなるんでしょう」

「食事？　聞いてないなあ。竹下に確認してみるよ」

大西は、同席していた竹下に尋ねた。

「おいタケ、箱根先発隊が、飯はどこだって言ってるよ」

「飯ですか。宴会場に、段ボール箱が届いていると思うんですが」

「段ボール……？」

大西の伝言どおりに山中が段ボール箱を開いてみると、そこには冷え切った弁当がつまっている。

「まあ今日は技術スタッフだけだからな。明日はきっと、豪華な御膳が……」

しかし、弁当はこの日だけではなかった。中継が終わるまで、毎日3食が冷えた弁当だった。弁当屋の気配りで、幕の内から中華風までメニューは変わったし、番組スポンサーであるサッポロビールの缶ビールもついたのだが、正月を前にして浮き立つ温泉地での「冷たい弁当」というのは、スタッフには非常にこたえた。音声の大森など、「18食連続弁当暮らし」という大記録を打ちたてたほどだ。

もう一つショックだったのが、寝る場所の悲惨さだった。

竹下と大西は30日から箱根入りしたが、宴会場の状況は想像以上に壮絶だった。

「一人一畳で」という決まりは作ってあったのだが、敷きつめられた布団で、宴会場は足の踏み場もない。しかたなく舞台の上で寝ていたスタッフもいたほどだ。

狭いだけではなく、歯ぎしりをしたりいびきをかいたりしている者もいる。また、出先ごとに出発時間が異なるため、目覚まし時計のベルがあちこちで1時間おきに鳴り響き、寝不足に悩まされる者が続出した。しかも、布団の数がなぜか足りない。複数枚使っていた者がいたのだろう。まさに布団をめぐる仁義なき戦いが起こっていた。布団がない者は、隅の方で誰かが風呂に行くのを虎視眈々《こしたんたん》と待ち、誰かがいなくなるとその布団を奪い取る。その人が戻ってきて、

「あ、俺の布団がない！　それ、俺のだろう」と言われても、

「うるさい！」とそ知らぬ顔を決め込む。

中継の仕事は体力勝負だ。誰もが睡眠をむさぼろうとしていた。

深夜に見回りをしていた竹下は、ある協力会社の社員たちから呼び止められた。

「おい、なんだあ、このとんでもない待遇は。いい加減にしろよ」

「温かい飯とちゃんとした寝床を用意するのが普通だろう⁉」

そのうち竹下は、布団の山の中に正座させられ、説教をくらった。

「まったくどういうつもりなんだ、日テレは」

彼らの不満は、もっともだった。竹下は「箱根のとりこ」になっていたし、憑かれたように仕事をしても平気だった。「箱根でも初の中継」という夢があったからだ。しかし、正月返上で委託された仕事だけをしに来ていた者にとって、この状況は許せなかった。１日で脱走したアルバイト学生もいたようだ。

大西は、そんな場面を見てヒヤヒヤしていた。竹下が苦労をしてこの場所を見つけたことも、小涌園が温情からここを貸してくれたことも、自分は知っている。でもそれは、彼らにとっては関係ないことだ。

『ひょっとしたら暴動になるかもしれないな。率先して俺たちが動かなきゃ竹下が気の毒だ』

覚悟を決めた大西は、冷えた弁当をうまそうに食べ、1畳で寝るように努めた。

弁当の話を知ったスポーツ局長から後で坂田が大目玉をくらうほど、常識ではありえないことだった。しかし、この惨状があったからこそ、スタッフの団結力は逆に高まっていった。

大晦日のテレビ

30日には応援に来てくれた日テレ系列局のスタッフもそろい、様々な会議が行われた。そして大晦日には、それぞれ自分の持ち場であるポイントに行き、機材のセッティングをしたり、マイクロテストを行ったりした。

竹下は、会議場にスタッフ用のテレビがまったくないことに気づいた。中継に使うテレビは業者が必死になってセッティングをしていたが、スタッフが自由に見る番組を選べるテレビがないのはまずい。竹下は早速買いに行くことにした。電器店のある場所が分からないので一寸木に尋ね、小田原市内で大晦日も営業している店をなんとか見つけ出すことができた。

大晦日だからか、電球などを買い求める市民と、明らかに家族連れでテレビを買いに来ている市民がいた。陳列棚には5、6台分のテレビ用のスペースがあったが、すでに2、3台は売れたようで、その分空きスペースが出来ていた。

竹下は広い会議場に置くことを考えて、当時としては大きな24インチのテレビを選んだ。

「はあ〜。準備万端だと思っていたのに……」

自戒を込めて、竹下は自腹で8万円のテレビを買った。

竹下が首から提げていた箱根駅伝スタッフのIDカードを見て、店主は笑った。

「あれ、テレビ局の人がテレビを買うの？」

「ええまあ……」

竹下は照れ笑いを浮かべた。

「なんか今日は本当によくテレビが売れるんだよ。箱根駅伝の番組があるからかもしれないね」

叱られっぱなしだった竹下にとって、その言葉はなにより嬉しいプレゼントだった。

その帰りに竹下は、小田原市のコンビニに発注しておいた年越しそばを取りにいった。厳しい条件で働いているスタッフへのせめてもの罪滅ぼしに、年越しそばを出そうと考えたのだ。

しかし、その年越しそばを巡ってもまた一問着があった。

年越しそば事件

テレビとそばを携え、へとへとになって戻ってきた竹下へ、池田が遠慮がちに尋ねた。

「あの竹下さん。年越しそばのつゆは、どうやって温めたらいいんですか」

「何わけのわかんないこと言ってるんだよ。なんで、つゆを温めなきゃいけないんだよ」

精神的に余裕がなくなっていた竹下は、些細なことで苛立つようになってきた。

「コンロは持ち込めないですしね……。どうやって温めたらいいんですかね?」

「だから同じこと、二度も言わすんじゃねえよ!」

「でも年越しそばは温めないと……」

池田はけげんな顔をする。

「わけわかんないんだよ、お前の考え方は!」

「いや、つゆって、年越しそばっていうのは、『かけそば』じゃないですか!」

「なんで『かけそば』なの、『ざるそば』に決まってるじゃないか!」

「いや、そうじゃないと思いますけど!」

危うくつかみ合いになりかけたところで、二人は言葉の食い違いに気づいた。竹下は東京出身で、池田は鹿児島出身。単なる食文化の相違が原因だったのだ。

「すいません、うちは生まれたときから年越しそばっていうのは、『かけそば』なんです」

「へえ。東京は当然、『ざるそば』だよ」

違いがわかれば、二人は大笑いをするしかなかった。

久野林道山頂――苦難の道

なんとか中継を実現するために、箱根の山には「駒ヶ岳」「鷹巣山」「久野林道山頂」「元箱根」と名付けた4箇所のマイクロポイントが設けられた。その中で最大の難所だったのは、なんといっても「久野林道山頂」だ。

「久野林道」とは、小田原市西部の明星ヶ岳中腹を南北に縦断する林道のことであり、今は整備された車道になり、箱根から小田原への抜け道にもなっている。

マイクロポイントとしての「久野林道山頂」は、塔ノ峰《とうのみね》から明星ヶ岳へ向かうハイキングコースからさらに上にある、見晴らしのよいスポットだ。駒ヶ岳など遠くはよく見えるが、山の中腹は樹木がうっそうと茂っているため、山の麓を走るコースを撮影するには、カメラ台を建てる必要があった。

しかし、カメラ台は頑丈な鉄製で、6畳ぐらいの大きさがあり、足場を組む鉄パイプや木材は1本10キロから20キロはある。それに加えて、テレビカメラやモニター、受信電子機器、発動発電機、テントなど、数え切れない機材をこの山頂まで運ぶ必要があった。

夏に手ぶらで登っても息が切れるほど急な斜面なのに、今は気温が零下にもなる真冬だ。非常に条件が悪い。では、どうやって上げればいいのか。

その手法をめぐっては、大西の提案を皮切りに、議論が白熱した。

「牛で上げるのはどう？　僕の田舎の鹿児島では、山から木を下ろすときに使っているよ」

「荷物を運ぶ牛なんて今、箱根にいないでしょう。馬の方が馬力あるんじゃないか」

「あんな急斜面を馬が行けるわけないじゃない」

「大学の山岳部員を雇おうか」

結局、中継施設の設営を行う会社「萬世《ばんせい》」と学生アルバイトに依頼し、機材の運搬と組み立てを手伝ってもらうことになった。

「久野林道山頂」には、若手を中心とした4人のスタッフが配置された。

ディレクターとして、入社2年目の今村司《いまむらつかさ》。現場監督ともいえるテクニカル・ディレクターには入社7年目の水島光一《みずしまこういち》。カメラは、入社3年目の矢《や》沢直樹《ざわなおき》。マイクロ担当は、札幌テレビから応援に来ていた入社18年目のベテラン中村洋一《なかむらよういち》だった。

まだ経験の浅い今村は、密かに「御大《おんたい》」坂田から事前にこう命じられていた。

「大イベントだから、制作の人間が一番つらいところを背負いなさいよ。『あいつがやっているなら、仕方がない』と思われるように」

ある種の「人質」だったといえるだろう。今村は、坂田の言葉を忠実に守った。どんな不平不満が出てきても一生懸命受け止め、若さで乗り切ろうとした。冬山用の防寒具もそろわない時代だったが、今村の寒さに弱そうなスニーカーを見かねた田中が、「これ、はいていけよ」とスノーブーツを貸してくれたりもした。

武闘派であり、キャンプ経験も豊富で鼻っ柱が強い水島は、箱根の山から生中継する計画を聞いたとき、『どこもやったことないから、おもしろそうじゃん』と思っていた。「久野林道山頂」コースの下見で登ってみたときも、「思ったほど、きつい仕事じゃない。ちょっとヘビーなハイキングって感じかな」と余裕を見せていた。

矢沢は報道局取材技術部に異動してカメラマンになったばかりだった。10月までは「番組送出」という内勤の仕事をしていたのだが、11月に起こった三原山の大噴火を現地で取材。報道カメラマンとして刺激的なスタートを切っていた。

『ずっと、カメラをやり続けたいな』

そう思っていた矢先、「箱根駅伝の応援スタッフになれ」という通達が下った。本来ならば、スポーツ中継に報道局のカメラマンが行くことはない。しかし箱根駅伝は全社挙げての大プロジェクトだったため、『よく会社も自分みたいな新人カメラマンをビッグイベントに起用するなあ』と思いつつも、与えられた仕事を頑張るつもりで参加した。

札幌テレビの中村は、日テレから系列局に応援業務依頼があったときに志願して参加した。マイクロ送信に実績があり、中継局の保安のため登山をした経験が買われたのだ。

箱根に到着したのは30日の朝で、そのまま中村は久野林道へ向かった。水島は気さくで面倒見がよかったし、矢沢も感じがよかった。今村を見たときに中村は、その風貌を見て和んだ。

『大仏さんのような人だなあ』

30日は快晴だったが、山肌には積雪が2～3センチあった。萬世のスタッフと「強力《ごうりき》さん」と呼ばれる山岳部の学生アルバイトたち、電話回線を久野林道山頂まで引きにきた日本有線テレビの作業員もそろっている。

大量の機材を見て不安を感じていた矢沢だったが、屈強な強力さんたちを見て、『彼らが運んでくれるんだろう』と安心していた。すると、

「ようし、じゃあ、みんなで運ぶぞ！」水島が元気よく声を上げた。

『うそだろ……』矢沢は内心焦ったが、新人カメラマンの分際では、何も言えなかった。

「ほら、これで運ぶんだよ」

二宮金次郎よろしく、L字型の背負子《しょいこ》を背中につけられ、その上に鉄パイプを載せられた。

しかも行く手は、道なき道。獣道と登山道の間ぐらいの急斜面だ。

『え、ここを登るの？』『ど、どこまで行くの？』『1回で終わりじゃないの？』

面食らっている矢沢のそばで、武闘派・水島の目が鋭く光った。

「休んでいる奴なんかいたら、ぶっとばしもんだからな」

「担げないとか、甘えるような奴は要らねえ」

矢沢は青ざめた。文句や疑問など、とても口に出せる状況ではなかった。

結局、一人が1回登るごとに、20～30キロの機材を担いでいくことになった。

今村は、坂田の訓示を思い出し、一番重い業務用発電機を担ぐことにした。しかし、重い。50キロ以上はあるだろうか。体力には自信があったにもかかわらず、一人では担げない。他の人の補助がないと前に進めないほどだ。歩くたびに、足が雪で湿った土にめり込んでいく。

結局全部を運ぶのに、片道1～2時間をかけ、何往復もするはめになった。

そのうち誰からともなく、「さかたぁ～、あのやろ～」という恨み節が聞こえてきた。

数多くの現場を踏んできた屈強なスタッフたちにとって、今回の仕事は想定外の難業だった。

今村の脳裏に再び、御大の声が蘇ってきた。

『「あいつがやっているなら、仕方がない」と思われるように……』

「は、初めての中継だから、仕方がないっすよね！」

今村は努めて明るく、強力さんたちに声をかけた。

なぜかその中で、一人だけスーツ姿で背負子を担いでいる業者の男性がいた。ネクタイまで締め、革靴をはき、明らかに場違いな格好をしている。矢沢は気になって声をかけた。

「今日は、スーツ姿にネクタイで、どうされたんですか？」

すると彼は、ネクタイをゆるめるとこう言った。

「いや、ちょっと、営業の方に異動したもんで……」と笑顔がひきつっている。

『もしかしたらこの人、こんなの担ぐって聞かされてなかったのかも』

矢沢は自分のつらさも忘れ、彼に同情した。

そんな中、中村は、山頂から眺める箱根の景色に心を奪われていた。ダイナミックな北海道の山とは違う、浮世絵のような美しい「天下の険」だった。

リハーサル——悪天候との戦い

翌日の大晦日には、機材のセットやマイクロテストをすることになっていた。

しかし朝から大雨が降り、箱根特有の強風も吹き荒れた。二子山の鉄塔上では風速30メートルを記録。ケーブルカーの駅を使わせてもらっている「駒ヶ岳」のポイントと違い、「久野林道山頂」や「鷹巣山」は吹きさらしであるため、悲惨な状況だった。

白い息をはきながら、山頂にたどり着いた久野林道山頂チームを待ち受けていたのは、信じられない光景だった。

　横並びに設置していた機材用テント2張りが吹き飛ばされ、ぺしゃんこに潰れている。すでに雨が入ってしまったモニターや発電機も数台あった。水島が事前にしっかりとビニールで梱包していたのだが、その予想を上回る雨と風の激しさだったのだ。

「もうこれで終わりなのか……」

「あんなに苦労して、設置したのに……」

　今村や矢沢の胸には最悪のシナリオがよぎったが、経験豊富な水島や中村は冷静だった。

「中継現場でのトラブルはつきものさ。一つ一つ処理して、中継に穴を空けないのが鉄則だ」

「映像を送る機器が守られていれば、カメラが多少濡れても、使えるはずだ」

　しかし、一刻も早く濡れている機材を拭いて、梱包し直さないといけない。

　雨風は、変わらず吹きすさんでいる。

「機材が雨にぬれちゃまずい。まずは移動だ」

　水島は、イントレと呼ばれるカメラの台座にてきぱきと雨よけのブルーシートを張りめぐらせていくと、大声で指示を出した。

「まずはここへ運んで。急げ！」

　今村と矢沢は、言われるがまま、ブラウン管のモニターやスイッチャー、電波受信機といった放送機材を運んだ。運良く、命綱であるマイクロの送受信機は無事だった。

吹きさらしの山頂にいた4人は、上からだけでなく、左右からも殴りかかってくるような土砂降りに、目も開けられなくなっていた。

マイクロテストがあるというのに、風雨は一向に弱まる気配がない。

「もしかすると、俺たち、やばいかも……」

今村は、命の危険さえ感じていた。

国際会議場には、綺麗な濃いピンク色の絨毯が敷いてあった。

「皆さん、絨毯を汚さないでくださいよ。現場から戻ってきたら靴の泥を落としてくださいね」

竹下は口を酸っぱくしてスタッフに頼んでいた。

しかしこの夜、帰ってきた久野林道山頂チームの姿を見て、竹下は絶句した。全身びしょ濡れで、当然靴も泥だらけになっている。まるで遭難しかかった登山者が、やっとの思いで山小屋にたどり着いたような、疲れ果てた姿だった。

4人が宴会場へ去った後、竹下は絨毯についた泥をそっと拭った。彼らに気づかれないように。

この夜は、各ポイントごとにテストの結果を報告しあった。

「では、久野林道山頂さん。どうでしたか」

「いや、こちらはすさまじい状況でした。強烈な風雨でテントは倒れ、機材も濡れてしまったものがいくつかあります。本番で、できるものとできないものが出てくるかもしれません」

箱根の天気は読めない。万一本番当日ヘリコが飛ばず、久野林道山頂のポイントも壊滅したら……。箱根センターの技術スタッフに、緊張が走った。

一方、東京地区ではMESOCや移動中継車のテストを行っていた。午後は本社南館2階で中継総合会議が開催され、田中がスタートからゴールまでの段取りや注意点を説明した。

よく「田中の会議は長い」と言われたが、それは番組制作への真摯な取り組みと、取材対象への深い思いをきちんと全員に伝えるためだった。短くて3時間、長いときは8時間に及んだこともある。

「たった150人の選手しか走れないんです。走れない選手が山のようにいるんです。箱根を走る選手一人ひとりのストーリーが、タスキリレーで始まって、タスキリレーで終わる。だから、選手がタスキを渡す瞬間は、絶対にCMで潰さないようにします」

「山のカメラ映像は1ショットしかなくても、それがあるとなしとでは大違いです。撮影位置やスイッチングひとつで、効果は全然異なってきます。皆さんの仕事全部に、大切な意味があるんです」

田中は熱く語りかけ、スタッフの意識を高めていった。

最後に、御大・坂田が登場した。

「皆さん、いよいよ日本のアマチュア大会で、一番のスポーツイベントが始まります。ただのスポーツ、ただのレースだとは思わないでください。箱根を上回るドラマはありません。ドキュメンタリー、そしてそこにあるドラマも中継しなければ、箱根駅伝とはいえません」

おもむろにネクタイをはずして手に取ると坂田は、系列局も加わって総勢150人ほどのスタッフへ語りかけた。

「これを選手がかけるタスキだと思ってください。箱根駅伝で各校が使うタスキは、幅6センチ、長さ1メートル60センチくらいあります。監督の奥さんが作る学校もあれば、お守りを縫い付ける学校もあります。そんな1本のタスキに、全員の気持ちを込め、全区間つないでいくのです。ところで、タスキはどんな形で選手の肩にかかっているか、ご存知の方いますか？」

会場にいる誰も答えられない。坂田は彼らの視線を浴びながら、ネクタイの端と端を結んだ。

「ここの結び目にタスキを一回、抜けないようにくぐらせます。更に大きな結び目を作って、取れないように短パンの中に入れて走る。そこまで慎重なんです。タスキはバトンリレーと同じで、渡せなければレースは終わりです。皆さん。皆さんも、良かれと思って頑張りすぎないように。決められた作業どおりにやらないと、トラブルになることがあるのです。どうか事故やトラブルは起こさないよう、くれぐれも気をつけてください。起きてしまったら、もう来年はありません。最後まで、私たちの『タスキ』をつないでいきましょう」

初めて坂田や田中が話す姿を見たスタッフもいた。彼らについていこう。絶対にいい中継をしてみせよう。スタッフの気持ちが、ぎゅっと一つにまとまった瞬間だった。

小涌園では、凍えた体を温泉で癒すスタッフの姿が数多く見られた。特に冷たい弁当を食べたあとの露天風呂めぐりは、人気を集めていた。

除夜の鐘が聞こえてきた。明日は朝から、東京地区と箱根地区合同で行う総合リハーサルがある。皆疲れ果て、いびきや歯ぎしりに悩まされながら、泥のように眠りに落ちていった。

竹下は、夢を見ていた。しんしんと雪が降る箱根の山を、選手たちがひたひたと走っている。その姿を映している移動中継1号車が、宮ノ下のカーブに差し掛かった。しかし雪でタイヤが滑り、曲がり切れずに崖から下へ……。

「うわあっ」恐怖のあまり目が覚めた竹下は、暗闇の中で、一人ため息をついた。

「またこの夢か……」

往路スタートまで、あと1日。

どこの寺の除夜の鐘だろうか。偶然にもその回数は、箱根のカーブと同じ、108回だ。

静かな深い鐘の響きが、闇に沈む箱根の町にこだましていった。

第6章　往路中継スタート！

そして本番の日の朝

１９８７年1月2日。スタートを告げる日の朝が来た。

坂田の、23年来の夢をかなえる日が、ついにやって来たのだ。坂田は目覚めるとともに、祈るような気持ちで寝室の窓を開けた。雲がやや出ているものの、なんとか持ちこたえそうだ。ヘリコのフライトには問題ないだろう。

坂田は胸をなで下ろすとともに、表情を厳しく引きしめた。いよいよ「箱根」との戦いが始まるのだ。

ここに、当時の大会要項を挙げてみよう。

第63回　東京箱根間往復大学駅伝競走　大会要項

1. 主催　関東学生陸上競技連盟
2. 後援　読売新聞社　報知新聞社　日本テレビ放送網株式会社
3. 協賛　サッポロビール株式会社

4．協力　　株式会社アシックス

5．支援　　陸上自衛隊第1師団

6．期日　　昭和62年1月2日（金）～1月3日（土）

第1日目（1月2日）　大手町読売新聞社前　　午前8時出発

箱根町芦ノ湖駐車場入り口　　午後1時半頃

到着

第2日目（1月3日）　箱根町芦ノ湖駐車場入り口　　午前8時出発

大手町読売新聞社前　　午後1時半頃

到着

7．コース　　第1区　大手町読売新聞社前～鶴見

第2区　鶴見～戸塚

第3区　戸塚～平塚

第4区　平塚～小田原

第5区　小田原～箱根町芦ノ湖駐車場入り口

第6区　箱根町芦ノ湖駐車場入り口～小田原

第7区　小田原～平塚

8．参加校

第8区　平塚～戸塚
第9区　戸塚～鶴見
第10区　鶴見～大手町読売新聞社前
順天堂大学・早稲田大学・大東文化大学・駒澤大学・東京農業大学・日本体育大学・東海大学・中央大学・国士舘大学・日本大学・専修大学・筑波大学・東洋大学・明治大学・山梨学院大学
＊出場校は、第62回大会上位9校と予選会上位6校の計15校

9．中継所における繰り上げ出発と復路のスタート

1　中継所における繰り上げ出発は次のとおりとする。
往路・復路全ての中継所で先頭走者から20分遅れたチームは車両混雑が予想される為、審判長の裁定で前走者が到着しなくても次の走者を出発させる。（但し、往路鶴見・戸塚中継所についてのみ10分とする。）

2　復路のスタートは1位から10分以内の学校は時差出発を行う。その他の大学は同時出発で行う。

（関東学生陸上競技連盟の競走要項・実施要項の抜粋）

箱根駅伝コース

往路(1～5区)
106.8km(現・107.5km)
復路(6～10区)
107.1km(現・109.6km)
総合(10区間)
213.9km(現・217.1km)

＊距離は1987年当時のものです

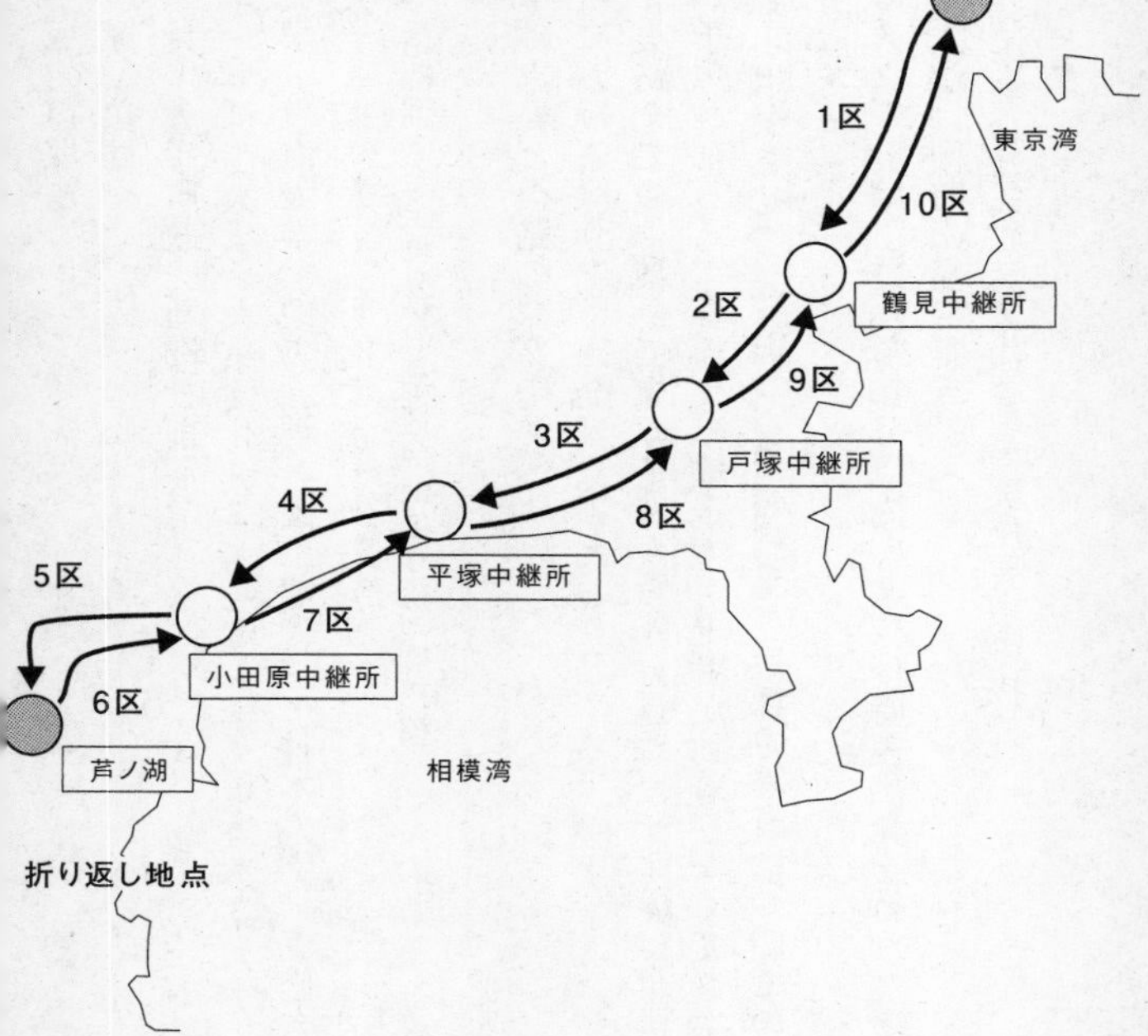

坂田の出身校は東京教育大学だが、1973年にあった大学統合で「筑波大学」とその名が変わった。田中は早稲田を出ている。偶然にもこの第63回には、坂田と田中の母校が2校とも出場を果たしていた。

初の山岳ロード生中継は果たして可能なのか。それとも無謀な試みだったのか。

1月2日当日、迎え撃つ日テレ軍団の全容は、次のとおりだった。

アナウンサー	17名
中継車	移動中継車3台、固定大型中継車5台、固定小型中継車8台
テレビカメラ	61台
クレーン車	9台
ヘリコプター	2機
スタッフ	制作200名　技術410名

技術者の数の多さに、いかに今回の中継が技術的に困難なものだったかが分かる。田中らが必死で探し求めたマイクロの中継ポイント（電波を送受信するポイント）は、万全を期して38か所にも上った。

本社にある「東京センター」に集まるマイクロ波の数は8波、箱根の二子山に特設された「箱根センター」に集まるのは11波。

映像だけでなく「音声」も絶対に途切れさせてはならない。音声の大森が手配をした電話回線は、両センター合わせて、専用回線274本、臨時電話50本、自動車電話6本となった。

制作本部の面々は、どこに配置されただろう。

田中は全中継の陣頭指揮をつかさどる「総合ディレクター」として、日テレ本社内の「東京センター」のサブコン（副調整室）中央に陣取った。平谷は「アシスタント・ディレクター」として田中を助ける役回りだ。

鎌田は「語りべ」として、サブアナの加藤アナとともに、センターで「実況」をしきる小川アナの横に控えた。伊藤には、大学名を記した板を動かすことで順位の変動を画面上で示す、「SUPER BOARD《スーパーボード》」という役割が与えられた。

ここまで来れば、プロデューサーの坂田にはほとんどやることは残されていない。あとは「坂田の子供」だと言ってはばからない田中の奮闘を、後ろでじっと見守るだけだ。

東京地区 テレビ中継マップ

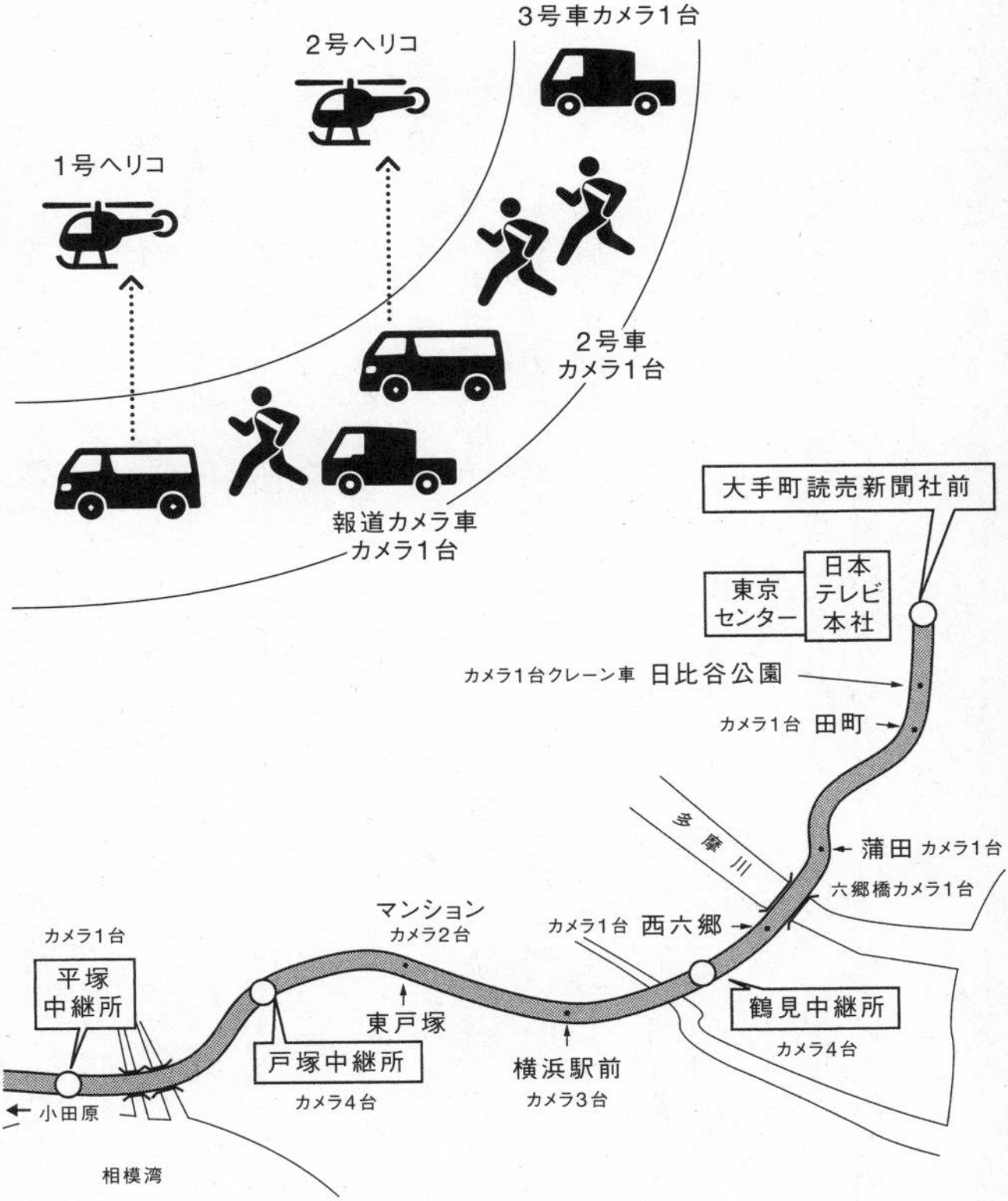

＊カメラの台数は全て1987年当時のものです

幸運なことに、箱根では雨も雪も降っていなかった。しかし「箱根センター」のスタッフは、突然の降雪などで間に合わなくなる状況を避けるため、午前3時には起床。箱根小涌園から出発し、午前4時には既に二子山頂上の特設放送センターへ到着していた。

東京地区と芦ノ湖のスタッフは、午前7時がスタンバイ時刻だった。大手町の往路スタートは午前8時予定だが、午前6時には、移動中継車に乗る実況アナウンサーやカメラマンたちは芦ノ湖畔に集まっていた。

1号車は、日本テレビのロゴとチャンネルの数字「4」が入った、銀色のマイクロバスを改良したものだ。1号車は、トップのランナーを率いるような形で走る。「実況」を担当する芦沢俊美アナは、大東文化大OBで5区を4年連続で走った解説者の大久保初男《おおくぼはつお》とともに、車両後方に設置してある吹きさらしの放送席に座る。放送席はとても狭く、大人2人が肩を寄せ合ってようやく座れるくらいの幅しかない。

アナウンサーはその席に、三種の神器である「放送用Qシート」と「出場選手の情報が書かれた一覧表」、「沿道の名所旧跡情報」を持ち込み、解説者と話のかけあいをしながら実況をする。

Qシート（cue sheet）とは、番組の開始から終了までの構成を秒単位で記した実施計画プランだ。自分のイメージどおりの番組作りをするために、ディレクターが責任を持って作成する。大会の流れを予測し、どのタイミングでインタビューやCM、「今昔物語」「学校紹介」といったVTRを入れるつもりかが細かく記されている。全スタッフを円滑に動かすための、ディレクターからの「指示書」といえる。

田中は何日も制作本部に泊り込んで、Qシートを仕上げた。長時間の中継であるため、入れるCMの数も膨大だったが、イメージどおりにCMを入れるために、田中は営業サイドとその数をかけあったりもした。渾身の力を込めて田中が作成したQシートは見事な出来映えだった。

1号車の実況アナ・芦沢は、何度もそのQシートを確認した。全選手のデータ、コース沿いの地名や名所旧跡は、徹底的に頭に叩き込んである。それでも不安で、芦沢は何度も選手のデータに目を通した。

1号車の後ろに窓ガラスはない。ディーゼルの排気ガスを長時間吸い続けることになるが、選手と同じ空気を吸い、生の息遣いを感じないとその場をリアルに伝えられない気がして、あえてはずしてもらったのだ。

放送席の隣には、大西が見つけた防振カメラが1台ぶら下がっている。スタートからゴールまで先頭の選手を常に安定して捉え、お茶の間へ届けるという大切な「目」だ。

1号車のカメラは、他に車両の上に2台搭載されていた。高い視点から映像を撮るためであり、前向きと後ろ向きに、それぞれ設置されている。上に乗るスタッフたちの落下防止も兼ね、車の屋上の四方には、「第63回東京箱根間往復大学駅伝競走」と「報道テレビ」と書かれた板看板が取り付けられていた。

車の屋上では、福王寺が「人間羅針盤」としてのデビューを待っていた。横にはピンチヒッターとして新入社員の牛山雅博《うしやままさひろ》が控えている。東京地区では特に出番はない。問題は、箱根地区だ。1号車のカメラが捉えた映像を、アンテナを振って山岳地帯に設けられた各中継ポイントに正確に届けること。今回の中継の成功は、ひとえに福王寺の肩にかかっていた。

吹きさらしで寒風に耐えなければならない移動中継車の屋上スタッフや山間部のスタッフには、NTVのロゴと水色のダウン・ジャケットとズボン、手袋が支給された。格好だけは準備万端だったが、スタートすればゴールまで6時間も降りられなくなる。

「大人用パンパースでもはいておこうか?」

半分冗談、半分本気で検討したこともあった。液体が瞬時に固体になる携帯トイレも配られたのだが、二人は前日から水分を控えた。それでも落ち着かなくて、スタート直前の1時間で5〜6回トイレへ行き、万全を期した。

午前7時半。番組開始まで、あと30分を切った。徹夜状態が続いていたこともあり、誰の目もギラギラしている。オンエアが迫るにつれ、「テレビ史上に残るお祭りがいよいよ始まる」という緊張感とともに、心が沸き立つような興奮で気分は高まっていった。

「箱根・芦ノ湖のゴール地点です」

「駒ヶ岳に霞がかかっています」

本社に設けられた「Kスタジオ」で実況のメインを務める小川アナは、マイクテストを繰り返した。いくら実況では百戦錬磨のベテランといえども、初回のプレッシャーは相当なものだった。

午前7時54分、オンエア1分前。サブコンで中継の総指揮をとる総合ディレクターの田中が、息をこらして待機している各ポジションのスタッフたちへ、威勢良く声をかけた。

「それでは、よろしくお願いします！」

すると連絡線を通し、各地から「よろしくお願いします！」という返事がこだまのように続いた。

生中継、スタート！

「4、3、2、1、Q！」

午前7時55分。田中の隣に座ったタイムキーパーの声と同時に、記念すべき「箱根駅伝」の生中継が始まった。

真っ白い背景に、「伝統」という黒文字が浮かび上がる。続いて大正時代からの駅伝風景が白黒映像で流れる。そこへ、小川アナのナレーションが重なっていく。

「大正9年の第1回の開幕以来、若きランナーたちの心を捉え続けてきた箱根駅伝。早春の熱い風となったランナーたちは、東海道に幾多のドラマを生んできました。タスキを渡し終えて、力尽きて倒れ、タスキを受け取り、決然と立ち向かう。河野謙三が箱根路を走り、中村清がアンカーをとり、宇佐美が、瀬古が駆け抜けていきました」

落ち着いた、切れのある声に乗り、「ドラマ」という文字が画面に浮かび上がった。

田中の指示が出る。

「ヘリコさん、映像が乗ってますよー。はいー、行ったあ!」

田中が右手で合図した瞬間、スイッチャーがボタンを押して画面を切り換えていく。

映像はヘリコプターから空撮した皇居周辺、そしてビルの合間に設けられた大手町のスタート位置へと移った。

「手から手へ、時代から時代へ。伝統の東京箱根間往復大学駅伝競走は、第63回を迎えました。昨年の優勝校、順天堂大学を含め、15校が出場。大手町の読売新聞社前には、第1走者15人が勢ぞろいしています」

前年優勝した順天堂大から初出場の山梨学院大学まで、各校の走者が一線に並んでいる。ロングコートの下に、各校の「勝負服」ともいえる新品のランニングシャツに短パンというでたちだ。そして、赤、白、青、緑、紫、ピンク、えんじ、黄色……。スクールカラーにあわせた色とりどりのタスキは、作りたての輝きを放っていた。

都心の気温は午前7時で2・8度、湿度は50％。

寒いだけに、選手の多くがストレッチを繰り返したり、付き添いの部員にマッサージをしてもらったりしている。中には目をつぶって精神集中する者、両手を合わせて祈りを捧げている者もいる。

「スタート地点の選手は、そろそろコートを脱ぎ捨てる頃でしょうか。弁方アナがいます」

小川からふられた弁方アナは、よどみない口調で話し始めた。

「『先手必勝』とか『初めよければ終わりよし』など、言い古された言葉がありますが、この駅伝では、奮い立つような、緊張感ある言葉です」

近くで東京農業大の応援団が、学ラン姿で白いダイコンを天に突き上げ、大声を張り上げながら、有名な大根おどり、正しくは「青山ほとり」を踊っている。

「大手町をスタートして、タスキを渡して芦ノ湖へ向かうのですが、芦ノ湖の現在はどうでしょう、増田《ますだ》さん？」

小川の問いかけと同時に、画面は芦ノ湖へ切り替わり、増田隆生《たかお》アナが呼応した。

「はい、曇り空となりました箱根・芦ノ湖のゴール地点です。今朝は富士山もうっすらとしか見えません。現在、気温は1度。湿度40％です。芦ノ湖に、いの一番に興奮と熱気を運んでくれるのは、どこの誰でしょうか」

右から加藤サブアナ、小川アナ、解説・関根忠則氏　写真提供・日本テレビ

小川とそれぞれのアナウンサーがかけあうタイミングは、まるで初めてとは思えない絶妙の出来だった。

そして、午前8時。選手たちは前傾姿勢で合図を待つ。ピストルの号砲と同時に、１０６・８キロにわたる往路の火蓋《ひぶた》が切られた。

「１５０人の青春が今、スタートしました。日比谷通りへ出ます。新年を迎えた都心を走り、気温１度の箱根の町へ、お正月を届けます！」

小川が明るく盛り上げた後、映画『ネバーエンディング・ストーリー』の挿入曲「喜びの飛行（Happy Flight）」が流れた。主人公の少年アトレイユが幸運を呼ぶという白い竜ファルコンに乗って空を飛ぶシーンで使われた、のびやかな楽曲だ。実はこの曲を田中に推薦したのは、平谷だった。平谷は、「これから何かいいことが起こる」という雰囲気のあるこの曲のファンだったのだ。この曲に乗って、番組名、主催・後援・協賛各社名、スポンサー名が次々と流れていく。

最初のＣＭをはさんだ後は、先頭集団の映像が画面に現れた。スタートして２００メートル。多くの選手がひしめき合い、１キロを３分４秒のゆっくりしたペースで進んでいる。

目の前で走る選手を見ている1号車の芦沢アナから、弾むような声が届いた。

「たくましく、鍛えた足。ストライドが伸びます！　箱根駅伝を走る選手の目は、輝いています！」

皇居周辺がロングショットで映し出されたが、正月のビジネス街にはほとんど人気《ひとけ》がない。

順天堂大を筆頭に、大学名と出場選手名が紹介されていった。

「順天堂大学は2連覇目指す、優勝候補」

「早稲田大学は往路にコマをそろえました」

「駒澤大学の大八木は、年齢制限で今年はジープに乗っています」

「大東文化大学のエース只隈《ただくま》は、2区。11月の『東日本郡山《こおりやま》30キロメートルロードレース』で見せた走りが、強豪ぞろいの箱根2区で通用するかどうか」

続いて、往路のコースを紹介する楽しいアニメーションが始まった。

高低差があるコースを断面図で示し、そのコース上を選手がトコトコと走っていく。中継所で次走者へタスキを渡すと、前の選手は力尽きてパタッと倒れるというコミカルな作りだ。このアニメを制作したのも、竹下だった。


1区は、レースの流れを左右する重要な区間であり、各校とも精神的に安定した選手を起用する。都心の平坦なコースが続くが、後半の六郷橋がスパートポイントだ。

先頭集団は最初の3キロが9分46秒と、相変わらずスローペースだった。互いに牽制《けんせい》し、団子状態が続いている。

しかし、第一京浜（国道15号）に差し掛かる手前で、早稲田大学1年生の池田《いけだ》克美《かつみ》が、やや遅れ始めた。

「2号車ですが、池田が脇腹を押さえているんですね……。アクシデントでしょうか」

先頭集団の後方を走っている2号車の山下アナが、すぐさま実況を入れた。

「小川さん、池田はもう顔に汗が浮かんでいます」

池田は、一時は最下位にまで落ちてしまった。

その次に小川アナは、「今昔物語」と題して箱根駅伝の成り立ちを紹介した。

田中は、11月3日に行われた予選会で山梨学院大学が出場権獲得の快挙を果たしたシーンを流すなどして、番組にメリハリをつけていく。

予選会のＶＴＲは、弱冠27歳の山梨学院大・上田誠仁《うえだまさひと》監督をクローズアップしていた。通過が決まった後、「予選通過の原動力は？」と聞かれた監督は、「やっぱり我慢してきたことだと思います。辛いことや、苦しいこと……」とだけ言うと言葉を失い、男泣きをした。

そのＶＴＲが終わるやいなや、山梨学院大の走者・福田正志《ふくだまさし》を追っていた3号車の小倉アナが、ここぞとばかりに言葉をはさんだ。

「小川さん、3号車です。沿道の皆さんはよくご存知のようで、『山梨の選手、頑張ってね！』との声が多くかかっています」

実は3号車は、15分も前から福田の横を伴走していた。上田監督のＶＴＲの後に山梨学院大の選手を実況するのは、Ｑシートの指示どおりだったのだ。

次に、スタジオの様子が映し出された。スタジオの右側では、白いミニスカートをはき、「ＥＫＩＤＥＮ」と書かれた緑色のトレーナー姿の女子大生5人が待機している。「1」から「15」までの数字が並んだ下に、ボードをひっかける釘が出ている。彼女たちは、順位が変わるたびに大学名が書かれたボードを入れ替える、「順位表示」係なのだ。万が一、ＭＥＳＯＣがうまく作動しなくても、視聴者にはそれで順位が分かるはずだ。

各大学の学生に作ってもらった1分間の「学校紹介」も、レースの合間に流された。

最初に放送されたのは、早稲田大学放送研究会のVTRだった。創始者・大隈重信《おおくましげのぶ》の像をバックに、応援部が「フレー、フレー、早稲田!」とエールを送っている。そこになぜか、大勢の学生が駆け寄ってくる。「よーい、ドン!」の掛け声と共に、今度は一斉に学外へ駆け出していく学生たち……。最後に「競走部の健闘を祈る」という文字が出て、VTRは終了した。

「……とにかく、各学校の学生さんが駅伝を応援して作ってくれました学校紹介。それぞれ、ユニークな作品がそろっています」

やや苦笑まじりの紹介をする小川だった。

1区(21・3キロ)の残り4キロを切った、六郷橋の上り手前。

先頭集団のトップを走っていた中央大の4年生、富永博文《とみながひろふみ》がスパートをかけた。しかし序盤に遅れを見せていた早稲田大の池田が、いつの間にか猛追し、18キロを過ぎた時点で富永の後ろにつけている。脇腹の痛みはどうやら治まったようだ。

「早稲田の池田が、驚くべき復活をしています!」

この2校の直接対決だ。池田の眉が、勇ましく、きりりと上がった。

監督やコーチが選手へ指示を出したり励ましたりするための「伴走車」は、大学名を印したのぼりを立てて走り、駅伝名物の一つだった。

陸上自衛隊がジープと運転手を出していたが、そこに乗り込めるのは、監督やコーチら、学校関係者と関東学連の監察員だけだった。

気温は0度。しんしんと冷え込む中、最後の2〜3キロは、どの選手にとっても厳しい。

「イチニ、イチニ、イチニ」

早稲田大の伴走車から、コーチらが池田へ声をかけ続ける。

「後ろの者のために、そうそう、イチニ、イチニ、できるだけ引き離してくれー」

「もうすぐだぞー」

「ほら、ゴールが見えるぞ。最後、行けっ！」

結局池田は中央大の富永を振り切り、トップで鶴見の中継所へ入ってきた。

しかし池田は、タスキを渡した後に、失神してしまった。それだけの激走だった。

「池田、ありがとう」

2区の走者・坂内敦《さかうちあつし》とともに走り去った伴走車から、ねぎらいの言葉が聞こえてきた。

大東文化大・只隈、会心のガッツポーズ

この大会で、テレビを通じ多くの人々に鮮やかな印象を残した選手がいた。

2区を走った大東文化大学3年生の只隈伸也《しんや》だ。只隈は一度社会人を経験してから大学へ入ったため、3度目の箱根駅伝は23歳で迎えていた。

長く厳しい上り坂がある2区は「花の2区」と呼ばれている。各校のエースが投入されるために名勝負が期待される華やかな区だ。距離は、最も長い22・7キロ（当時）。往路での勝負どころであり、ブレーキも起こりやすい。

スピードランナーだった只隈は、1年生のときには3区（21・3キロ）を走った。期待されながらも湘南海岸でスタミナ切れを起こし、区間4位に終わった。2年生のときには1区（21・3キロ）を任されたが、途中で足にマメができてしまい、区間3位という成績で、その豊かな潜在能力を発揮し切れていなかった。

大会前は、他校のエース、笠間《かさま》三四郎《さんしろう》（日本大）、栩沢《こざわ》俊明《としあき》（中央大）、鈴木《すずき》尚人《なおひと》（日体大）らの方が注目を集めていた。しかし、今年の只隈は絶好調だった。

11月の東日本郡山30キロメートルロードレース（後の郡山ハーフマラソン）では、1時間30分33秒で優勝。そのタイムは、箱根で4年間2区を走った早稲田大・瀬古利彦《としひこ》の関東学生記録と並び、ソウル、バルセロナ両オリンピックマラソン代表である中山竹通《なかやまたけゆき》の大会記録を約1分縮めるという好記録だった。学生ナンバーワンとも称され始め、本人にも「成長している」「力がついている」という実感があった。

只隈は鶴見中継所で、1区の矢野《やの》功《いさお》から7番手でタスキを受けとった。トップの早稲

走っている。田大からは約40秒差。前には、中央大、日本大、明治大、順天堂大、駒澤大の各選手が

『ちょうどいい位置に、ちょうどいい目標がいる。これは行ける』

只隈には、彼ら6人を抜いてトップになる自信があった。

実はレース前に只隈は、青葉昌幸《あおばよしゆき》監督の家で一杯飲みながら、大東文化大の元コーチで移動中継1号車の解説者をすることになっていた先輩の大久保にこう宣言していた。

「残り400メートルぐらいで、もしトップに立ったら、大久保さんに向けて『ガッツポーズ』しますからね」

大東文化大のチームカラーは、目に鮮やかなライトグリーンにオレンジだ。緑のタスキをかけた只隈は、猛然と走り始めた。駒澤大や順天堂大の選手を続々と抜いていく。

一時日本体育大の鈴木に追いつかれそうになったが、やがて振り切った。

やがて只隈は、トップを走っていた中央大の栂沢の背後についた。

しばらく併走しながらデッドヒートを繰り広げるうち、11・2キロを過ぎた地点で、只隈はついにスパートをかけた。

「今、スパートしたぞ！」

中央大の碓井哲雄《うすいてつお》コーチが必死に声をかけたが、栂沢にはもうついていく力は残っていなかった。これで只隈は6人をごぼう抜きし、トップに立った。

その後も、中央大との差を、7メートル、8メートルと広げていく。中央大の伴走車が前にいたせいで、なかなか只隈に声をかけられずにいた青葉監督が、すかさず只隈の後ろに伴走車をつけて激励し始めた。

「リラックスして、腕を大きく振って、更にもっともっと差を拡げろ！」

「かっこいいぞ！　とってもいい感じだ！」

1号車のすぐ後ろには、新聞社や雑誌社の代表カメラマンが乗った「カメラ共同取材車」が走っていたのだが、上り坂のところで只隈の姿がその共同取材車に隠れ、見えなくなった。

一番いいところなのに。只隈の力走を、なんとしてでも1号車のカメラで捉えたい。

「只隈を映すんだ！」

1号車のディレクター丸山の檄《げき》が飛んだ。ドライバーは、折を見て右の車線に移った。これで只隈の姿が見える。ラスト3キロ。やや苦しそうに口をゆがめて走っていた只隈は、1号車をチラッと見ると、おもむろに右手こぶしをグッと振り上げ、少し微笑んだ。

「あ、今のガッツポーズはね、第1号車に乗っているOBの大久保さんに対してやったんですね。見えているんですね、大久保さんの顔が。余裕ありますね」

芦沢アナは、すかさず弾んだ声で実況をした。彼は嬉しかった。それもそのはずだ。芦沢アナは実は、事前取材で大東文化大を担当していたのだ。いつも練習熱心で、陸上競技選手らしくややぶっきらぼうなものの、質問には常に一生懸命答えてくれた只隈のことを、「きっとすごいことをやってくれる」と信じていたのだ。

只隈のガッツポーズで、番組は一気に活気づいた。

戸塚中継所に着いたときに只隈は、２位の中央大に41秒の差をつけていた。惜しくも区間新記録こそ逃したものの、１時間８分38秒で見事区間賞を獲得。チームを７位から首位へと引き上げた。

生中継で只隈が見せた「走行中のガッツポーズ」。そして髪を短く刈り上げた選手が多い中、サラサラとした長い髪をなびかせて前の走者を追い抜いていく美青年ランナーに、テレビの前の視聴者は釘づけとなった。

翌日の報知新聞には、栩沢と併走する只隈の大きな写真とともに、こんな見出しが躍った。

「大東大・只隈激走、花の２区。イッキ６人抜き・区間賞だ‼　オレが大学№１」

只隈は、一気にマスコミの寵児になった。

小川アナは、第１部をこう締めくくった。

「20キロ以上走った男たちの、本当に『やり遂げた』という感じの表情をご覧いただけたでしょうか」

「箱根が、これを待ち受けています」

そして、箱根町のゴール地点と、まだ朝靄にけぶっている芦ノ湖の全景が映り、第１

部は無事終了した。

東京センターで陣頭指揮を執っていた田中は、安堵のため息をついた。

後ろで見守っていた坂田も、思わず顔をほころばせた。

天才肌ディレクター、トラウマとの闘い

初中継は、機材不足や放送時間の問題から、全行程を中継することは不可能だった。そのため、戸塚と小田原の間の3区・4区と7区・8区を抜いて、2日間で4部構成にするしかなかった。

「第1部」は東京・大手町のスタートから1区と2区を中継し、午前10時半に終了する。90分間、ニュースなど別番組を挟み、正午からの再開だ。

「第2部」は、小田原中継所から始まり、いよいよ箱根の山へ入っていく。二子山頂上のNTT無線中継所に設けられた「箱根センター」には、緊張感がみなぎっていた。

普段は物静かでクール、「天才肌」と言われる梅垣進《うめがきすすむ》ディレクターも、前夜は不安からよく眠れなかった。

梅垣には、ロードレースの中継で忘れられないトラウマがあった。

彼にとっての初中継は、1983年に行われた横浜国際女子駅伝だ。それまで野球中

継ばかりやっていた梅垣が、東京のセンターでディレクターを初めて務めることになった。

しかし、絵のつなぎやカメラ割りで、梅垣は思わぬ失敗をしてしまった。レースが団子状態で詰まったときに、移動中継車の映像だけでつないでしまい、あるカメラポイントを飛ばしてしまったのだ。

事前にそこで撮ることをわざわざ依頼しておいたにもかかわらず、慣れないロード中継で梅垣は頭に血が昇っていた。そのために、そこの映像を使うことをすっかり忘れていたのだ。

「何日間もずっと練習していたのになあ……。まずかったな」

先輩のテクニカル・ディレクター山中からの一言が、梅垣の心にぐさりとつき刺さった。ずっとそこで待機していたカメラマンの努力を裏切ることになったのだ。

「舞い上がってしまった。スポーツ中継は『チームワーク』が大事なのに。視聴者にはわからなくても、自分にとっては大ミスだ」

箱根駅伝は、横浜国際女子駅伝よりも数倍大きな大会だ。今回、技術サイドは万全の準備をしてきている。しかし自分は、山岳ロード生中継をした経験はない。何が起こるかまったく読めない。しかもこの箱根地区でディレクターである自分が出す「Qサイン」が、番組全体の質を左右するのだ。

1カット、わずか10秒ほどの映像を作るために、寒い山の頂上で凍えながら待っているスタッフたちがいる。それぞれのポイントのカメラマンには、事前にこう伝えてあった。

「必ず1カットは、そこに行くからね」


「横浜のリベンジを、箱根でしよう」

プレッシャーは確かにある。しかし、Qシートどおりに絵をつなぐのが一番だ。小田原中継所の「タスキリレー」を最優先にするなど、約束事を守れば大丈夫だ。

『入社してもう17年なんだ。自分が培《つちか》ってきた経験と技術を信じよう』

梅垣は、自分に何度も言い聞かせた。


正午直前に、東京センターの田中からついに連絡が入った。

「箱根センターさん、行くよー！」

「了解」

「4、3、2、1、ハイ！」

第2部が始まった。「伝統」の文字が画面に浮かび上がる。小川アナの美声が再び広がった。

「大正9年の第1回以来、若きランナーたちの心を捉え続けてきた箱根駅伝……」

テーマソング「喜びの飛行」の曲に乗り、箱根地区の中継がいよいよ始まった。第1

部と同じオープニングだ。ヘリコが無事飛んだので、誰もがホッと胸をなで下ろしていた。このまま天候が崩れなければいいが。

箱根地区の心臓部、「箱根センター」では、大西を始めとする技術スタッフが必死で働いていた。センター内では、様々な情報が飛び交っている。

各所と連絡を取るために構築された「連絡回線」は、膨大なものだった。連絡が途切れること、それはすなわち、ディレクターの指示が通らないことを意味する。携帯電話が普及していない時代だ。連絡回線の確保こそが、技術サイドの最も重要な仕事の一つだった。

箱根地区で使える「自動車電話」は６回線しかなかったが、事前に各所に頭を下げ、そのすべてを中継のために独占させてもらった。それにもかかわらず、箱根地区は険しい山が連なるために、すぐに回線が切れてしまう。しかも一般の使用者がそこに割り込んでしまうと、その回線は使えなくなる。音声担当の大森は、必死で回線確保に努めていた。

アシスタント・ディレクターを務める竹下は、その姿を心配そうに見守っている。

３区では中央大の吉崎修《よしざきおさむ》がトップに立ったが、４区では日本体育大の島津秀一《しまづしゅういち》が頑張り、小田原中継所で待ち受けていた平山征志《ひらやままさし》にトップでタスキをつないだ。２位の中央大とは、わずか14秒差しかない。

箱根の山は、「天下の険」と呼ばれるように非常に険しい。小田原中継所から見ると最高地点で８７４メートルもの高低差があり、選手の脚に大変な負担をかける。最もタイム差がつく区間であるために、耐久力・地力のある選手がここに選ばれる。

カメラポイントである湯本を通過し、日本体育大の平山が、箱根の山を力強く登ってきた。

「ぐいぐいゴーゴー！」

伴走車に乗った主将やマネージャーが、平山の足のリズムに合わせて叫び続けている。

箱根湯本駅前では、当時の巨人軍監督・王貞治の姿が映ったので、小川アナが、

「芦沢さん、今、王監督の顔が映りましたよ！」と弾んだ声を出した。

　大平台を過ぎた約9キロのところで小川アナは、沿道に立つ「駅伝記念碑」を紹介した。これは、１９５６年に、本番に備えて練習していた専修大学の小山国夫《こやまくにお》がここで交通事故に遭い、命を落としてしまったことを悼む慰霊碑だ。裏には御母堂が詠まれた句が刻まれている。

　宮ノ下を過ぎ、コースである国道1号線が「箱根登山鉄道」とクロスする踏切で、思わぬ事態が発生した。電車が来たために1号車は停車したのだが、平山はそのまま踏切を走り抜けていってしまった。

　トップの選手を見失い、1号車のスタッフは焦った。電車はなかなか通過しない。平

山はどこまで行ってしまったのか。その時に、風景を映すために前方に取り付けてあったカメラが功を奏した。平山は、遥か彼方を走っている。その後ろ姿を、前方カメラが必死で追った。

伴走車がトップの選手を後ろから追いかけ追い越すという珍しいシーンが、おかげで出来上がった。

順調に進む初の山岳ロード中継

「人間羅針盤」こと福王寺は、曲がりくねるコースをものともせず、アンテナを着実に受信ポイントのある方向へ向けて振っていた。映像は途切れない。皆、福王寺の頑張りに感謝した。

それぞれのスタッフが、心を一つにして、自分にできるベストの仕事をこなしていた。ＭＥＳＯＣも問題なく稼働している。防振カメラのおかげで、映像も揺れることがない。

宮ノ下を過ぎ、「小涌谷」が近づいてきた。ここは、「箱根小涌園」のある場所だ。中継では、どんな地点もそこの「地名」で呼び、ホテル名など商業施設の名で呼ぶことはまずない。この地点も普通であれば、そのまま「小涌谷」と呼ばれるはずだった。

しかし、ここだけは違った。なにせ、300人のスタッフが箱根の路頭に迷うところを救ってくれたホテルなのだ。小川アナは、この地点をあえて「小涌園」と呼んで紹介した。それは、竹下から事情を聞いたプロデューサー坂田からのささやかなお礼だった。

その頃、小涌園の森本は、駅伝を観戦する観光客で盛り上がっているホテルの前で、必死になって沿道の整理をしていた。ここは、なだらかで箱根一の大きなカーブがあるために、絶好のカメラポイントにもなっており、5台のカメラが設置されている。必死になってロープを引っ張っていた森本は、中継でしっかりホテル名が紹介されたことなど知るよしもなかった。

1号車の芦沢アナは、レースの実況のかたわら、地元の話題を上手にちりばめていった。

「水に流れる湯の花が蛇の骨に見えるという蛇骨川《じゃこつがわ》。その上にかかる蛇骨橋を、先頭の日体大・平山が渡って行きます」

「鎌倉古道といわれる湯坂路は、かつて将軍が箱根権現への参詣に通り、また京都から鎌倉へ下る道でした」

小川アナは、後輩アナの見事な描写にうなった。よく勉強している。

山頂を選んだ男たち

午後1時36分。芦ノ湖のゴール地点へ、日本体育大の平山がトップで入ってきた。2位の中央大に1分50秒の差をつけ、4年ぶり9度目の往路優勝を果たした。

3番手には総合2連覇を目指す順天堂大。そして大東文化大、日本大、早稲田大が後に続いた。山梨学院大はトップに約15分の差をつけられ最下位のゴールだったが、初出場校で1年生がほとんどのチームとしては、上出来の成績だった。

「8、7、6、5、4……1！」

第2部の終了を告げるタイムキーパーの声が、スタジオに響いた。


放送が終わったのは、13時55分だ。

無事初の山岳ロード生中継をこなした「箱根センター」には、解放感が広がっていた。誰からともなく拍手が沸き起こる。天候にも恵まれ、ヘリコも飛び、映像も途切れることなくうまくいった。誰もが充実感を覚え、晴れ晴れとした顔を見せている。

「どうも、お疲れさまです！」

東京の田中から、声がかかった。

「あ、どうもどうも」梅垣が相好《そうごう》を崩すと、田中は明るい声を出した。

「復路も頑張りましょう！」

箱根とのやりとりを終えた東京地区のスタッフは、午後2時からすぐに中継会議に入った。初日の反省点を洗いざらい出して、復路の中継に生かさなくてはならない。

一方、大仕事を終えたばかりの箱根地区のスタッフは、しばしの休憩を楽しんでいた。

「休んで食事してください」

一服したり、カロリーメイトや冷えた弁当で空腹を満たす者。極度の緊張から解放されたためか、床へ崩れるように倒れてすやすやと眠り始める者すらいた。

しばらくして、平穏な箱根センターに動揺が走った。

箱根地区の全スタッフも、午後5時から中継会議をすることになっていた。中継ポイントに散らばっているスタッフに、大西が連絡回線を使って声をかけた。

「おう、お疲れ！　打ち合わせやるから、早く戻ってこいよ」

すると、久野林道山頂ディレクターの今村から、予想外の返事が返ってきた。

「今日はもう、宿には帰りません」

「えっ？　『帰りません』って、お前たち凍え死んじゃうぞ」

「いやもう、帰りたくないんですよ。帰ったらね、明朝スタンバイの午前6時に間に合わないと思うんです」今村は真剣だった。

「6時にスタンバイするには、夜中の3時に小涌園を出なくちゃいけません。でも、そんな真っ暗闇の中で、この山には登れないと思うんです。ということは、俺たちはここから下りたら、もう二度と戻ってこられないってことなんですよ！」

「……。まあ、確かにそうだけど……」

中継のことを考えれば許すほかない。心配ではあるものの、大西に選択の余地はなかった。


久野林道山頂組は、機材の点検を済ませると夜が来るまでのんびりして過ごした。吹きさらしの山頂で苦労を共にする4人の間には、温かな連帯感が生まれていた。大晦日の嵐のときも大変だったが、実はその前日の30日にも発電機の故障があり、それを降ろして50キロ以上ある代替発電機を、皆で代わる代わる運び上げるというアクシデントもあった。

夜がふければ、更に冷え込む。それを見込んで、キャンプ通の水島がガスバーナーと鍋を持参していた。メニューは、温めたレトルトのボンカレーだ。普段なら「粗食」なのかもしれないが、寒い山頂では特別なご馳走に思える。お供は、お湯で割った酒だ。発電機による照明が照らす中、年齢も所属も異なる4人が、腹を割っていろんなことを語りあった。

翌日のスタンバイは早い。特にやることもなかったので、午後9時には寝ることにした。

夏用の薄いドーム型テントしか用意していなかったのだが、それでも暖かな羽毛の寝袋に包まれ、4人は静かに眠りについた。

山頂に泊まったのは、久野林道山頂組だけではなかった。箱根地区やヘリコのマイクロを集め、東京へとばす中継所でもある「駒ヶ岳」のスタッフも、また然りだった。

27歳の報道局ディレクターの菊池《きくち》剛太《ごうた》は、一緒に働いたことのある竹下から中継の手伝いを頼まれた。駒ヶ岳のディレクターをしてほしいという。

当時、日テレの視聴率は低迷していたが、民放で野球中継を最初に始めるなど、テレビ界のパイオニアとしてのDNAは脈々と受け継がれていた。報道局の上司も人員が減るのを嫌がらず、快く送り出してくれた。全社的な大イベントだったため、スポーツ局だけではできないという理解があったのだ。

初めてロード中継を担当する不安を打ち明けると、竹下は明るく笑い飛ばした。

「駒ヶ岳からレースを撮るんじゃないんだよ。正月だから、『富士山』が撮れるかどうかが勝負なんだ。山並みをロングショットで見せれば、きっと綺麗に撮れると思うよ」

「わかりました。正月早々の、気持ちのいいショットですね」

貴重なアドバイスを受けて、菊池の気持ちは楽になった。

初日は小田原中継所に選手が到着するまで、モニターを通して中継を見ていた。

中継車から懸命に走る選手を励ましたり、中継所でタスキを渡した直後に、選手が力尽きチームメイトの腕に崩れ落ちたり。

駅伝がこんなに感動的なものだとは、菊池は今まで知らなかった。この番組にたまたま関われたのは、光栄なことだ。

夜になると、激しい雨が降ってきた。駒ヶ岳組は久野林道山頂組と違い、山頂に設けられたケーブルカーの駅舎で雨風をしのぐことができる。大きな石油ストーブもあった。

「明日の天気、大丈夫かな」

スタッフの一人が、心配そうに夜空を見上げた。

「大丈夫、俺、神がかり的な『晴れ男』だから。俺がいれば、雨なんてことないよ」

全員を元気づけるために、菊池は強がってみせた。

第7章 危うい復路中継

中継開始10分前の「ヘリコ不可」

1月3日、土曜日早朝。

「おーい、みんな、生きてるかー？」

久野林道山頂に泊まっていた面々へ、連絡回線のスピーカーを通して大西が声をかけた。あたりはまだほの暗い、午前5時だ。慌てて今村が返答した。

「お、おはようございます、生きてます！」

「全然、つながらないから、『久野林道山頂組は大丈夫か』って、こっちで大騒ぎになっていたんだよ。すごく心配しちゃったよ」

「あ、そうなんですか？」

実は、バッテリーの節約のためにスイッチを切っていたのだ。

昨夜から降り出した雨がまだ続いている。早く上がればいいが。

往路ゴール地点である箱根の「芦ノ湖」は、東京への「折り返し地点」でもある。

今日はここをスタートして、一路東京を目指すのだ。「復路」のスタートは、午前8時。放送開始はその5分前の7時55分。

小涌園に泊まっていたスタッフは、持ち場により起きる時間はばらばらだ。早い者で午前3時には起きる。目覚ましを使う者は多いわ、雑魚寝のせいで人を踏んづける者はいるわで、午前4時にはほとんどの人が起きてしまった。それぞれしっかり寒さ対策をして、持ち場へと向かっていく。

いつもは銀色に輝いている移動中継車も、今日はくすんで見える。重くたれこめた雲のせいだろう。1号車は駅伝路を静かに下り、スタート地点へと進んでいく。山間を見るともなしに眺めていた1号車ディレクター丸山公夫は、改めて身がひきしまる思いがした。

『ああ、もうすぐここで、熱い戦いがまた繰り広げられるんだ。今日も一日頑張るぞ』

丸山の気持ちを更に高揚させたのは、天候だった。午前6時を過ぎた時点で、ようやく雨が上がった。連絡回線のテストを兼ね、「箱根センター」ディレクターの梅垣と交信した。

「梅垣さん、1号車丸山です。雨が止んでよかったですね。これならヘリコも飛びますよね」

「おお、そうだな」

移動中継車で撮影した映像は、マイクロを使って箱根の山の上を飛んでいるヘリコへ送信し、そこからいったん「駒ヶ岳」へ転送する。「駒ヶ岳」から送られたマイクロは次に「箱根センター」へ送られ、そこから東京へ届くのだ。

マイクロは力が弱く、しかもまっすぐにしか飛ばないため、そこに木の葉1枚あっただけで影響を受ける。「人間羅針盤」こと福王寺は、1号車が撮ったトップ選手の映像を、ヘリコや箱根の山に設けられた久野林道山頂や鷹巣山などの「中継ポイント」へ向かってアンテナを振り、マイクロを飛ばす。

しかしそれは、100％確実に届くとは言えない。天候が変わりやすい冬の箱根では、雲や霧にさえぎられて中継ポイントがまったく見えなくなることが多いからだ。

だからこそ福王寺や牛山は、半年をかけて「体」でコースを覚え、たとえどこを走っていても、自分がマイクロを飛ばすべき中継ポイントがどこにあるのかを一瞬にして判断できる技術を身につけてきた。

そうはいっても、やはり頼りになるのは、遮蔽物《しゃへいぶつ》のない上空を飛ぶヘリコ2機だ。ヘリコが飛ぶ飛ばないは、中継の安定性、そしてスタッフの作業量に大きな差をつけることになる。

晴れ男として知られる竹下、菊池とも、「晴れてくれ」と天に祈っていた。

移動中継車や箱根地区担当のアナウンサーたちは、小涌園には泊まらずに芦ノ湖畔にある箱根ホテルに宿泊していた。大勢のスタッフと分かれたのは、のどを守るためだ。

午前6時には、ホテルから徒歩5分のところにあるスタート地点へと集《つど》った。

「箱根センター」の面々は、午前6時半には専用回線や臨時電話など、センターに集まっているすべての連絡回線がきちんと通じているかを確認し、放送開始1時間前の午前7時には、技術的な準備を完全に整えることができていた。

箱根地区　テレビ中継マップ

＊カメラの台数はすべて1987年当時のものです

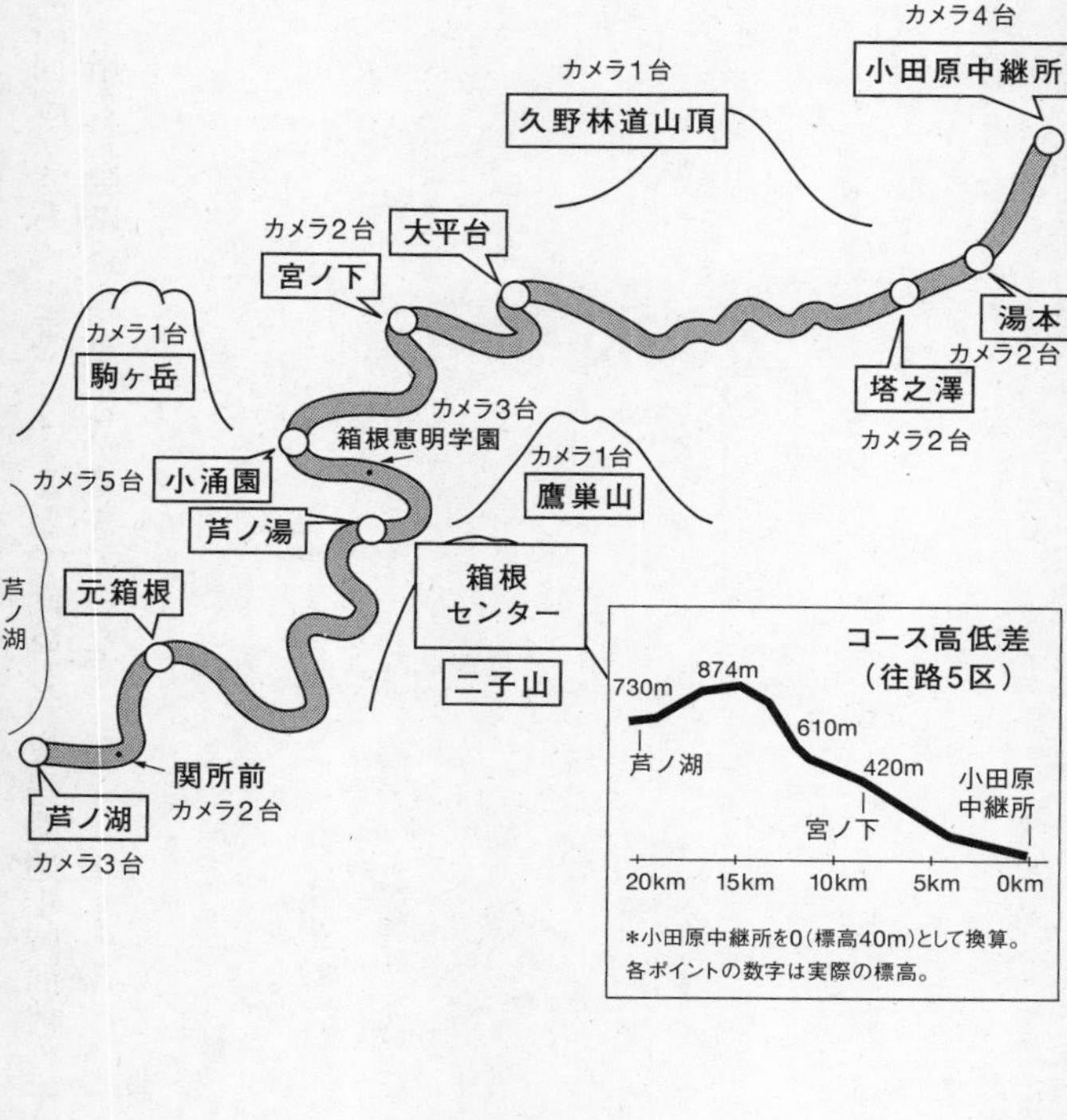

しかし、どんなに準備万端整えても、どうしようもない敵が「天候」だ。

小涌園から芦ノ湖のあたりが急にどんよりと曇り、小雨が降り始めた。濃い霧も発生し、久野林道山頂や駒ヶ岳からは、2〜3メートル先もおぼつかないという。芦ノ湖の湖面にも、まるで湯気のように白い靄《もや》がかかっている。

スタート地点で待機していた丸山は、眉をひそめた。

「まずい。選手の姿も見えるかどうか、だぞ」

トップの選手は通常、1号車の約20メートル後ろを走るのだが、それさえとらえられるかどうか分からない。丸山は焦って箱根センターへ連絡した。

「梅垣さん、なんかヘリコやばそうですね」

しかし梅垣は、余裕の声を出す。

「いや、大丈夫、大丈夫」

「大丈夫じゃないでしょう⁉」

丸山は思わず先輩に言い返していた。

梅垣は念じていた。放送開始前までに、晴れてくれればいいんだ。

天候の急変で慌ただしい「箱根センター」の中で、テクニカル・ディレクターの大西とマイクロ担当の山中、音声の大森たちは、ベストを尽くそうとしていた。中継現場でトラブルはつきものだ。限られた時間や条件の中で、一つ一つ処理をしていき、中継に絶対に穴を空けない。それが技術者の鉄則だ。

大西は、伊東市のヘリポートを飛び立って箱根へ接近しようとしていたヘリコ2機のテクニカル・ディレクターたちと交信を始めた。

「上空の状況はどうだ？　飛べそうか？」

「箱根の山は、霧で覆われています。視界が悪くて厳しいですね。パイロットは、この霧が晴れない限りは飛ぶのは危険だと言っています」

大西は、そのやりとりをさっそく梅垣らに伝えて対策を練った。

「霧で地上もかなり視界が悪くなっている。これでは、移動中継車の映像も使えるかどうかわからないな……」

「雨や霧といった天候だと、選手の走りにも影響するかもしれませんね。レースの展開も、昨日とはガラッと変わる可能性があります」と梅垣。

箱根の山道は狭く、鉄道もある。1号車が昨日のように選手に置いていかれるかもしれない。

「そうだな。ぎりぎりまで待って、それでも天気の回復見込みがなければ、移動車の順番を入れ替えるしかないな」

梅垣は、通常は第2、第3グループの選手たちを追う役割の3号車を、1、2号車より先に小涌園の先で待機させ、万が一に備えるという案に出た。

東京センターのサブコンで、田中や総合テクニカル・ディレクターの須田《すだ》昌宏《まさひろ》たちは決断を迫られていた。

「だめかな?」田中は大西に、再度確認する。

「まず無理だな」

「……安全は第一だからね。でも、だめ?」

なかなかあきらめきれない。

既に時計の針は、午前7時40分を指している。あと15分しかない。

「パイロットは、霧が晴れない限りは箱根の山を飛べないと言っているよ」

「そうですか。分かりました」

スイッチャーに目で合図をすると、田中は、一瞬にして気持ちを切り替えた。

通常のQシートを手ではらいのけ、「ヘリコ不可用」と大書されたもう一つのQシートを目の前に置く。「ヘリコ不可用Qシート」とは、ヘリコが飛ばない場合を想定して書いておいたものだ。できれば使いたくなかったのだが。

坂田はすべてを田中に任せ、後ろで何も言わず見守っている。

田中は心を決めると、「ＡＬＬ」と書かれたボタンを押した。それは、スタジオや箱根センター、各中継所など、「すべて」のポイントに田中の声が届く、一斉マイクのボタンだ。

田中は右手を挙げると、すっと人差し指を立て、全スタッフに告げた。

「皆さん、聞いてください。ヘリコは飛びません」

東京センターは、田中の声が響き渡るやいなや、水を打ったようにしんと静まり返った。今日の中継は果たしてできるのか？　どのスタッフの表情も凍りついている。

スタジオにいる小川アナや加藤サブアナも、固唾をのんでサブコンから流れてくる田中の声を聞いている。

「予定していなかったところにCMを入れるかもしれません。予定していなかったVTRを入れるかもしれません。『急にスタジオに降りる』かもしれません」

通常のスポーツ中継なら、「スタジオに降りる」、つまりスタジオの放送席が映し出されることはほとんどない。箱根駅伝でもそうだ。

「急にスタジオに降りる」、それはディレクターがインカムを通し、「行きます！」と突然指示を出す、ということだ。往路のように、移動中継車からの映像を見ながら各アナウンサーに実況を割りふるのとは違い、センターをしきるアナウンサーにとって大変厳しい状況になる。つまり、この長時間にわたる生中継の間、小川アナの役割が一層重くなったのだ。それでも悠然としている小川アナの横顔を見ながら、加藤は畏敬の念を感じた。

加藤はこの大会では、「サブアナ」を務めている。サブアナは、レースの展開に目を配りながらメインアナがほしがっているデータを即座に用意し、助ける役回りだ。

それは駅伝でいうと、「選手と付き添い」の関係に似ている。１年間一緒に練習を重ねてきた部員は、監督の判断によって、ひのき舞台に立つ「選手」とそれを補助する「付き添い」とに分けられる。付き添いをする部員は、大会の何日も前から選手と行動を共にし、マッサージをしたり荷物持ちをしながら、選手が万全の態勢で本番に臨めるよう助けることになる。

時には、故障や病気のせいで直前にレギュラー落ちした4年生の部員が、後輩にもかかわらず選手になった部員の面倒を見るということがある。そんなつらい状況でもその4年生は、母校のため、チーム全体のためという思いで「付き添い」としての役割をしっかり果たし、チームに貢献をする。勝利の喜びも負けた悔しさも、そうやってチーム全員で共有するのだ。

「選手と付き添い」をつないでいるのは信頼関係だ。加藤アナの心境はまさに、スタート前の選手をそばで見守る「付き添い」のものだった。

誰もが内心、不安には思っていた。でも、あえて言葉にはしなかった。それは、「ヘリコが飛ばなかったら箱根の中継は果たして可能か」ということだ。だが、もうやるしかない。

全スタッフは、通常のQシートを次々に「ヘリコ不可用」に取り替えていく。

それは、オンエアのわずか10分前のことだった。

覚悟を決めた「箱根センター」

その頃「箱根センター」は、戦場と化していた。どのスタッフの顔からも、血の気が引いている。頼みの綱のヘリコが飛ばなければどうなるのか、まったく予想がつかない。

動揺する全スタッフを前に、箱根の総大将であるテクニカル・ディレクター大西は、落ち着いた口調で語りかけた。

「こういう状況を予測して、ちゃんと準備をしてきたじゃないか。テストと同じようにやればいいんだ」

マイクロ担当の山中も横で大きくうなずく。ヘリコが飛ばないときのために、あの険しい久野林道山頂へ何度も登ったんだ。駒ヶ岳や鷹巣山、元箱根にも中継ポイントは設置してある。そういった地上の中継ポイントでマイクロをつなぐテストを、何十回、いや何百回も繰り返してきた。

最初は困った顔をしていた天才肌ディレクター梅垣も、すぐに気持ちを切り替えた。

「往路でつなげられたから、なんとかなるな。頭に叩き込んである『ヘリコ不可用Qシート』に沿って指示を出すだけだ」

その頃スタート地点で待機していた1号車のスタッフは、パニックに陥っていた。

箱根で使える自動車電話の回線は、わずか6本しかない。しかも、いずれも通りが悪い。

「人間羅針盤」こと福王寺は、強いショックを受けていた。頭の中は真っ白だ。その横で牛山も、かける言葉が見つからないでいる。

「目標の山さえ、まったく見えないなんて……。こんな状態になるとは……」

山頂の中継ポイントを目がけてマイクロを飛ばすテストは何百回も繰り返してきた。しかしヘリコが飛ばないほどの濃霧を見たのは初めてだ。そんな中で本番を迎えるなんて……。

「なるようにしかならない。いや、なんとかなるだろう」

1号車の映像を全国に届けるのは、自分しかいない。開き直るしかなかった。

久野林道山頂組のテクニカル・ディレクター水島は、この事態を前向きにとらえていた。「ヘリコが飛ばない」ということは、ここがヘリコの代わりに、移動中継車のマイクロをしっかり受けなくてはいけないということだ。

『うちらを十二分に使ってもらわないと、こんな思いをして山頂にいる意味がない。移動中継車の映像をちゃんと受けて、きちんと次へつないでいく。それが一番の仕事だ。俺たちの存在価値が高まる絶好のチャンスだ』

マイクロ担当で、札幌テレビから支援に来ていたベテラン中村も、この緊急事態にひようひょうとした表情で機材のチェックをしている。

一方、新人カメラマン矢沢は、不安を隠し切れなかった。

『こんな濃霧の中で、僕の技術で、ちゃんと選手をとらえられるだろうか……』

トップの選手が久野林道下のコースを通過するのは、予定では午前8時35分頃。あと40分しかない。

濃霧の中の復路スタート

スタッフの誰もが不安を胸に抱きながら、午前7時55分、第3部の中継が始まった。

映し出される芦ノ湖畔のスタート地点の映像は、前日とは打って変わってどんよりと暗い。

小川アナの重厚なアナウンスが始まった。

「スポーツファンの皆様、おはようございます。第63回箱根駅伝は昨日、往路、東京・箱根間を走りまして、日本体育大が4年ぶりに往路優勝を果たしました……」

スタジオには解説者として、日本体育大学元ヘッドコーチの関根《せきね》忠則《ただのり》、ゲストには順天堂大学ＯＢで「山下りのスペシャリスト」酒匂《さこう》真次《しんじ》が招かれていた。

たれこめる雲や霧のせいで霞む湖面を、定点カメラが映し出している。気温５・４度、湿度１００％。路面は雨で濡れている。

「芦ノ湖の湖面がはっきりしないほど、厚い雲に覆われています。宮ノ下から先は、視界50メートルと最悪のコンディションです。雨が弱まってきたのが、まだ救いです」

芦ノ湖・実況担当の舛方アナの声も、沈んで聞こえる。

復路６区は、往路の成績順にスタートしていく。まずは初日トップだった日本体育大学の竹内大雄《たけうちともお》が、スタートラインについた。

午後８時、関東学連・釜本文男会長が、右手に持ったピストルを掲げた。号砲が鳴り響くやいなや、竹内が箱根路へと駆け出していく。

その竹内から遅れること５５０メートル、１分50秒差で、中央大２年生の黒沢一道《くろさわいちどう》が元気よく飛び出していった。その後往路でトップから10分以内にゴールした７校が続く。

10位の国士舘大から最下位の山梨学院大まで、トップ校から10分以上の差をつけられていた６校は、８時10分、一斉に「繰り上げスタート」をした。

「10位の国士舘大は黒いユニフォームから、テレビ中継にあわせて白に赤いラインの明るいユニフォームへ変えました。山梨学院大は、初出場の喜びを、さわやかなプルシアン・ブルーのタスキに託して走ります！　トップとは19分26秒差」

小雨の中、箱根町が用意した花火が打ち上がる。各校の応援団が沿道で懸命にエールを送る中で、５区と並んできついと言われる６区の「山下り」が始まった。

箱根町の一寸木は、妻とともにスタート地点で選手たちを応援していた。

昨日の夜はビデオを見ながら、「あの映像は、あそこにカメラが置いてあるから撮れたんだ」などと舞台裏を説明したりもした。どんな放送になるのか説明を受けてはいたが、実際にテレビで駅伝を見ると、感激もひとしおだった。箱根町での駅伝が、全国に生中継されている。手伝った者にとって、これ以上の喜びはなかった。

大西は不安を隠せないでいた。福王寺が必ず大役を果たしてくれると信じているものの、今度の敵は、目まぐるしく変わる天候だ。果たして映像は本当につなげられるのか。芦ノ湖や関所前に設置した定点カメラの映像は大丈夫だった。問題は、ぐねぐねと曲がりくねる山道に、トップの選手が入ったときだ。果たして映像は届くのか。

そこへ届いた移動中継車・1号車からの映像に、大西の目は釘づけになった。

小雨や霧のせいで薄暗くなっている画面に、審判車が点《とも》す黄色いフォグランプに照らされた選手のシルエットが、ぼんやりと幻想的に浮かび上がっている。

すかさずディレクター梅垣は、定点カメラの映像をその美しい映像へと切り替えた。

箱根が与えてくれた、思いもよらない素晴らしい「絵」だ。

その映像は、福王寺が振ったマイクロが駒ヶ岳の中継ポイントを経由し、箱根センターへ届いたものだ。まさに、「ヘリコ不可」という想定でテストしたとおりに中継は進んでいる。これならいけそうだ。

当時、人気アイドルだった南野陽子や宮沢りえ、F1ドライバーのアラン・プロストらが出演するCMをはさんで、小川アナの声が流れた。

「さあ3日。復路に入っています。ご覧のように小雨に煙る、箱根路であります」

二子山の山頂に位置する「箱根センター」の映像も紹介された。駅伝生中継のために、NTT無線中継所を特別に使用させてもらっているのだ。

アニメーションによる復路のコース紹介が始まった。6区は、山あり谷ありの107・1キロの長い道を、コミカルな走者の絵が進んでいく。6区は、標高730メートルのところにある芦ノ湖のスタート位置から、コースの最高点である874メートル地点まで上がり、そこから一気に800メートル以上の高低差を駆け下りていく。

ちなみに「箱根センター」は標高約1100メートル、「駒ヶ岳」は約1350メートル、「久野林道山頂」は約770メートルのところにある。

第55回と56回大会で区間賞を獲得した「山下りのスペシャリスト」酒匂は、日本体育大・竹内の走りを見て、心配そうな声を出した。6区で求められる走り方とは少々違うからだ。

「ピッチ走法（歩幅を狭く、脚の回転を速くする走法）で走るのが第一ですね。ストライド走法（歩幅を大きくとる走法）で走ると、すぐ足に来ます。精神的な厳しさもあるので、最初から飛ばさないこと。徐々にペースを上げるのが、大事ですね」

箱根では、走ることを「飛ぶ」、徒競走のことを「飛びっこら」と言う。6区は、その高低差のせいでまさに「飛ぶ」ように走ることになる。足にマメができたり爪がはがれることもあるし、慣れた選手でも、2〜3日は脚がガクガクになるという。

表情をゆがめ必死で走っている日本体育大・竹内を、中央大・黒沢がピッチ走法でリズムよく走りながら猛追する。

酒匂の予想どおり、12・4キロの地点で、黒沢は竹内を軽やかに抜き去っていった。

予期せぬ怒鳴り声

マイクロがつながらない「デッドゾーン」は、箱根にはいくつもある。箱根地区のマイクロ担当の山中も、CMを入れる東京地区の田中も、それは分かっている。

まもなく「デッドゾーン」に入る地域だ。

「山下りに入ったら、CM行きます」田中が指示を出した。

選手の映像がCMに切り替った瞬間、1号車の映像を映していたモニターがザーッと乱れた。マイクロが途切れたのだ。

小涌園前のカーブには、読売新聞社の小旗を持った鈴なりの観客が、選手たちの到着をいまかいまかと待ち構えている。正月らしく、着物姿の女性客も交じっている。

「もうすぐ選手が通過します。道路へ飛び出さないようにお願いします」

アナウンスが何度も流れるホテルの駐車場からは、温泉地らしく湯気がもくもくと立ち上り、あたりを白く染めている。

小涌園を過ぎたところで、１号車のディレクター丸山が突然窓から顔を出し、後方を走る「カメラ共同取材車」へ向かって大声で叫んだ。

「カメラ車、交替してー！」

カメラ共同取材車とは、報道カメラ車とも呼ばれ、新聞や雑誌の代表カメラマン数名と関東学連の審判が一緒に荷台に乗っている小型トラックのことだ。カメラ共同取材車は何十年も昔から参加を認められている。テレビの移動中継車は新参者なので、当然彼らに場所を譲ることになる。

しかし誰でも、最高のポジションで選手を撮りたいものだ。特に箱根は道幅が狭いために、いくら高い車上にカメラを設置している移動中継車でも、小型トラックが入っただけで、選手の姿が撮れなくなってしまう。

６区の中継で大きな見せ場の一つは、小涌園前の広いカーブだ。定点カメラも５台用意してある。１号車の責任者である丸山は、小涌園前では走る位置を替わってくれるよう、カメラ共同取材車に事前に頼んでおいたのだ。

いいショットを撮りたい新聞や雑誌のカメラマンたちは、憤然としている。しかし丸山はひるまない。両手をぶんぶん振って、必死に訴えた。

「カメラ車、交替してー！　小涌園の前で入れ替わる約束でしょう?」

数秒後に無事位置を替わってもらったものの、丸山は１号車のテクニカル・ディレクター牧長春雄《まきながはるお》に小言を言われてしまった。

「丸山、あんまり大きな声で怒鳴るなよ」

「え？　だって……」

「さっきマイクに入っちゃったよ」

「えーっ⁉」

丸山の怒鳴り声は正月早々、しっかり全国のお茶の間へ届いてしまっていた。

雄大な箱根の映像

箱根駅伝では、小涌園を境にがらりと天候が変わるとよく言われる。確かに雨が上がり、上空には青空が見え始めた。ヘリコ２機が、小涌園の上空までもう来ているという。コースぎりぎりに張り出したマンションの屋上に設置してある定点カメラが、つづら折りの坂を懸命に下るランナーたちの姿をとらえている。

緑深い山道に、乳白色の霧がゆったりたなびいているのも見える。

「いい絵だねえ」

余裕が出てきた梅垣は、ぽつりと呟いた。天才肌ディレクター梅垣のそんな言葉に、そのショットをとらえたカメラマンはしびれ、発奮するのだ。

箱根の山全体が、まるで霧の中にあるように見える。あれだけ精力を傾けてテストをやった甲斐があった。美しい映像に、大西たちは胸が熱くなった。

東京センターにも安堵の空気が流れていた。箱根の中継は、ヘリコなしでも奇跡的にうまくつながった。技術スタッフの頑張りのおかげだ。

坂田は胸をなで下ろしていた。いつ中継が途切れても大丈夫なようにＶＴＲの準備もしていたが、この調子でいけばほとんど使うことはないだろう。

田中は、箱根地区のディレクションは信頼している梅垣に任せている。せいぜいＣＭやＶＴＲを入れるタイミングを見るくらいだ。

トップを走る中央大・黒沢の快走と同様に、「箱根センター」の中継は快調だった。

箱根登山鉄道の線路下をくぐれば、小田原中継所まであと５キロ。そこから先は「東京センター」にタスキを渡し、中継を任せることになる。

新人カメラマンの苦闘

「久野林道山頂」の出番を控え、カメラ担当の矢沢はそわそわしていた。

宮ノ下から90度カーブしている大平台、そして塔之澤まで続くダイナミックなコースが、今回の見せ場の一つだ。雄大な山あいから選手が走ってくる姿は、ここ久野林道山頂からでしか撮れない。

やるべきことはわかっている。まずは箱根の山全体を見せ、トップの選手へグーッと「ズームイン（被写体を急速に大写しすること）」するのだ。

昨日の往路は、うまくいった。日本体育大の平山の力走をうまくズームインできたし、しばらくその姿を追いかけることもできた。天候にも恵まれたし、塔之澤から大平台へ向かうコースがなだらかで、選手の姿がとらえやすいということもあった。

しかし、今日は違う。数キロ離れた大平台の町からへアピンカーブに突然現れてくる選手を、ズームインでとらえなくてはならないのだ。スポーツ中継専門の熟練カメラマンなら、わけなくこなせるだろう。しかし自分は新米で、しかも報道中継しかやったことがない。不安になって当然だった。

標高420メートルの宮ノ下まで選手が下ると、かなり霧が晴れてきた。これならいい絵が撮れそうだ。梅垣は、インカムを通して久野林道山頂組に指示を出した。

「うーん、久野林道、行くよ」

「来た！」

矢沢は、先ほど目星をつけた場所へグーッとズームインしていった。しかし、ズームに寄れなかった上、大曲のカーブが画面中央に収まらない。そしてカメラはどこか慌てたようにズームアウトし、箱根の山々の方向へ移動していった。

「久野林道山頂からとらえた、霧の向こうに走るランナーです」

小川アナは急いで実況しようとしたが、画面に映っているのは、雄大な箱根の山岳に白い雲や霧がゆったりとたなびいている美しい風景だ。スポーツ中継でこういった大自然が映し出されるのは珍しい。

久野林道山頂からの撮影やマイクロ送受信をしている日テレのスタッフたち
写真提供・日本テレビ

そういった「日本の美」をこの中継で映し出していくのは、田中の意図でもある。小川アナは機転を利かせ、そのまま風景紹介に転じた。

「ああ、見事な画面になりました。どうやら霧が少しずつ上がっているようです。箱根の、山並み……」

「すみません……」

矢沢は落ち込んだ。

「スポーツ中継」は、その一瞬一瞬が勝負の世界だ。ＶＴＲ撮影と違い、後でテープを編集するなどして自分のミスをとりつくろうことはできない。

だからこそ、仲間との強い「絆」や「チームワーク」が必要になる。中継が始まる寸前まで口論していようとも、Ｑサインが出ると同時に全スタッフは心をひとつにする。互いの技術力を信じ、タイミングを合わせ、流れる時間と戦いながら、そのスポーツをする者たちを最高に美しく見せる映像を中継しようと頑張る。それがスポーツ中継なのだ。

中央大の黒沢に抜かれた日本体育大の竹内には、アクシデントが起こっていた。走り始めてすぐに、足の裏にマメができていたのだ。3番手の順天堂大1年生・仲村明《なかむらあきら》も、じわじわとその差をつめていく。

画面には、駒ヶ岳からの映像が流れた。緑深き連峰にかかっている、淡く白い霧。

「箱根の中継は、駒ヶ岳、鷹巣山、久野林道などにカメラをすえて行っています。これは標高1327メートルの駒ヶ岳からとらえたショットです」

小川アナは、地名を交えて丁寧に説明した。凍える山頂で頑張っているスタッフの努力や、彼らを支える家族へ報いる気持ちもあった。

箱根センターの「ゴール」

湯本を過ぎ、トップの選手を囲む車両の隊列は、コースをぐんぐん進んでいく。7区を走る選手たちが待ち受ける小田原中継所は、もう目と鼻の先だ。

大西は心の中で、『この箱根駅伝中継は、大成功だ』と叫んでいた。

『この濃霧という悪条件の中で、箱根の山の映像を送り出せた。それだけでもう大成功だ。もう問題はない』

「はい、小田原中継所、いくよ」

梅垣のかけ声と同時に、画面が切り替わった。

「ガ」「ン」「バ」「レ」「！」

頰を赤くした子供たちが、色鮮やかに大きく1字ずつ書いた紙を掲げている。

午前8時半の気温は5・4度。雨は上がり、陽の光に路面も輝いている。


快調なペースでトップを走り続けているのは、中央大の黒沢だ。後ろを走る伴走車に座っていた碓井コーチが珍しく立ち上がり、大きな声をかけ続けている。この調子なら、いい記録が出そうだ。

「イチニ、イチニ、ハイ、ゴール！」

「ラストラスト、ソウソウ」

その声に応えるように黒沢は最後まで頑張り、小田原中継所で4年生の宮岡聖次《みやおかせいじ》にタスキを渡した。1時間0分31秒という区間新記録だった。

2番手は日本体育大、その後に順天堂大、大東文化大、日本大が続く。

初出場の山梨学院大は、14番手で1年生の中沢正仁《なかざわまさひと》が中継所に飛び込んできた。

濃紺のユニフォームを着た明治大の乗松圭太《のりまつけいた》は最後に中継所に到着したが、スタート地点での貯金があったおかげで、明治大は実質的にはまだ14位だ。

これが、「繰り上げスタート」のややこしさだ。山梨学院大は「見かけ」は14位だが、成績をトータルするとまだ最下位なのだ。

中継所で待ち受けていた4台のカメラは、全チームのタスキリレーをきちんと押さえた。タスキを無事つないだ後に、仲間の腕に崩れ落ちる選手たちの表情も追おうとした。それは、番組の重要なコンセプトの一つだった。トップの選手だけが画面に映るのでは、箱根駅伝を中継する意味はない。カメラの台数など、絶対的な機材不足のせいで、全選手が走る姿をとらえることはできない。ならばせめて、「懸命にタスキをつなごうとする」瞬間。そして、「見事つないで、その重責を果たした」瞬間だけは、全チームを平等に映したい。

重いカメラを肩に抱えながら、小田原中継所のカメラマンは必死で選手の表情を追った。

「エンドまで5秒！　4！　3！　2！　1！　終了！　お疲れ様でしたーっ！」

午前9時25分、箱根センター担当の第3部が無事終了した。

誰からともなく、拍手が沸き起こった。抱き合う者もいれば、Qシートを宙に投げ上げる者もいる。

椅子の上で梅垣は、すっかり脱力していた。一瞬たりともモニターから目の離せない中継から、ようやく解き放たれたのだ。やっている最中は必死だったが、終わってみるとあっという間の緊迫した1時間半だった。映像や連絡回線など心配していた点は多かったが、大西や山中ら、技術の力を信じていた。長年スポーツ中継をやってきて、チームワークの良さをこれほど感じたことはなかった。

呆然と立ちすくんでいる竹下に、大西が声をかけた。

「おい、タケ……」

「うまくいったな」

普段は口数の少ない大西がかけてくれた言葉に、竹下は緊張の糸が切れ、へたへたと椅子に座りこんだ。

「ああ、よかった……」

あふれる涙をこらえることができないまま、竹下は周囲を見回してみた。全員が目を赤くしている。

大西も、いつになく感激していた。長いキャリアの中でも体験したことのない感動だ。スポーツ中継をした後で、こんなふうに技術スタッフと制作スタッフが一緒になって泣くなんて、初めてのことだ。

同期の坂田から「箱根をどうしてもやりたい」と聞いてから約３年。箱根駅伝の歴史やその素晴らしさを知り、今日という日を迎えるために、全員で頑張ってきた。やる気のない奴なんて、一人もいなかった。苦労はあったけれど、初めての山岳ロード中継で、ここまで完璧にやれるなんて。全員、よくやってくれた。

しばらくして、東京センターの田中からいたわりの声がかかった。

「箱根地区さん、これで終了です。お疲れ様でした！」

「お疲れー」

箱根センターでは、また拍手が沸き起こっていた。

9区と10区を放送する第4部が始まるのは正午だ。これから東京地区のスタッフはマイクロチェックで忙しくなる。中継されない区間のレースも、VTRに収め続けている。その素材が届き次第、ダイジェスト版を作り、第4部で紹介するのだ。これからは、東京センターの田中が総指揮を執る。

中継が無事終わったとはいえ、箱根地区のスタッフは、いつまでも感激に浸っているわけにはいかなかった。

実はまだ、とんでもない大仕事が残っていたのだ。

第8章　只隈選手と高橋選手

金哲彦《きんてつひこ》選手との出会い

各校のスターランナーが顔をそろえる「花の2区」で6人をごぼう抜きし、圧倒的な存在感を見せつけた大東文化大学の只隈伸也は、マスコミの注目をいきなり浴びることになった。

復路8区を走る中倉仲《なかくらしん》の付き添いで平塚中継所に行った只隈は、周囲の人々が自分を見ながら何かひそひそとささやいているのに気づいた。

中倉はまだ1年生。しかも補欠だったのが正選手に抜擢され、緊張している。先輩部員としていろいろと世話をしていた只隈に、観客の一人が開いた新聞を差し出した。

「ほら、只隈くん、出てるよ」

それは今朝の報知新聞で、「大東大・只隈激走、花の2区。」という見出しとともに、トップに立った瞬間をとらえた大きな写真が載っていた。

『うわ、すげえ』

それは只隈にとって、頭に血が昇るくらい衝撃的な記事だった。

読売新聞のスポーツ面にも、「『タスキを受けた時から、先頭に立てると思った』と、快走も当然といった口ぶり」「『最高に充実した気分です』と、駅伝に取りつかれた男が、会心の笑顔を見せた」といった記事が載っている。観客の注目を集めたのは、当然だった。

この年、只隈は3年生ながら、既に23歳になっていた。実は福岡県北九州市にある八幡大学（現・九州国際大学）付属高等学校を卒業後、いったん就職したのだが、「箱根をどうしても走りたくて」、大学に進学したのだ。

「箱根駅伝」を走る選手たちは、どんなきっかけで陸上競技を始めるのだろう。いつ頃、この大会を意識するのだろうか。

小学校で野球をやっていた只隈は、その足の速さから地区大会のたびに陸上競技選手として駆り出され、6年生のときには優勝していたという。

中学でも野球部に入ったのだが、1年生の秋に参加した市民体育祭で、人生を変える仲間との出会いがあった。金哲彦だ。金は中学から陸上競技を始めたばかりだったが、体も大きく、圧倒的な速さを見せ、この体育祭で見事1位に輝いた。足には自信のあった只隈はこのとき3位。2年生のときにあった県大会でも、金が優勝、只隈は再び3位だった。

負けん気の強かった只隈は、先生たちの薦めもあり、陸上競技部に転部。3年生時の県大会では、2000メートルと4000メートルで金を2位に抑え、見事優勝した。

二人は良きライバルとしてともに八幡大付高に進学し、切磋琢磨したが、その後、金は早稲田大学に進学。只隈は日本電信電話公社九州支社（現・ＮＴＴ西日本）に入り、陸上競技を続けることにした。

19歳の只隈は、社会人として博多で充実した生活を送っていた。しかし、金の存在がまたしても只隈の人生を変えた。

それは、１９８３年の正月。高校時代の恩師・酒井《さかい》先生を囲んで毎年開かれる陸上競技部のＯＢ会に参加したときのことだ。ラジオを持参していた酒井先生が、「木下（当時の金の通称名）はすごいぞ」と言いながらＮＨＫのラジオ中継に耳を傾けている。

只隈は、金が何の大会に参加しているのかよく分かっていなかった。聞くともなしに放送に耳を傾けていると、「早稲田が来ました、早稲田が来ました！」とアナウンサーが叫んでいる。金は1年生ながら5区に起用され、驚異的な走りを見せていた。

早稲田といえば、瀬古選手が駅伝を走っているのをスポーツニュースで見たことがある。『同じチームで、金は活躍しているんだ。すげえな』

それは、只隈が、「箱根駅伝」というものの存在を初めて意識した瞬間だった。

僕も「箱根」に出たい。まだ19歳だった只隈は、関東の大学に進学する道を探し始めた。

そのことを知った酒井先生は、大東文化大学を紹介してくれた。陸上競技部の一人が進学を決めたばかりで、ってがあったのだ。

大東文化大を「箱根」へと導いて

大東文化大学陸上競技部監督・青葉昌幸（元・関東学生陸上競技連盟会長）は、福岡まで只隈に会いに行った。彼の素質や闘志を見て、ぜひ入学するように勧めた。

青葉は大東文化大を4度の総合優勝に導いた「名監督」として知られ、「山登り、山下りの大東文化大」という独自カラーも築いた。

埼玉県秩父《ちちぶ》に生まれ育った青葉は、偶然にも只隈と同じように、中学までは野球に夢中だった。足が速いのを見込まれて、秩父の中学校駅伝大会に出場。一番長い1区をトップで独走して注目を集め、秩父農工高等学校（現・埼玉県立秩父農工科学高等学校）に入学後、強引に勧誘されたのが陸上競技部だ。

埼玉県には「奥むさし駅伝競走大会」という大会があるが、そこには必ず「箱根」で活躍したスター選手たちがやってくる。憧れの選手たちを見るうち、高校生の青葉には、『箱根駅伝を走ってみたい』という思いが芽生えた。

名門・日本大学に入学したものの、青葉自身は「箱根」を1度しか経験していない。1年生から3年生までエントリーはされたのだが、出場できず（10名の正選手と4名の補欠が登録される）、同級生で、後にマラソンで有名になった宇佐美彰朗の「付き添い」をするなど、悔しい思いもした。

初出場は、主将を務めた４年生のときだ（第42回、66年）。１区を走り、宇佐美にタスキをつないだが、優勝は澤木啓祐を擁する順天堂大がさらっていった。

大学を卒業して埼玉県庁に勤めていた25歳の青葉に、ひょんなところから「大東文化大の陸上競技部監督になってくれないか」という話がやってきた。

元々、高校の先生になりたくて文理学部体育学科を出た青葉は、「監督として箱根駅伝に出てみたい」という気持ちがあったので、引き受けることにした。

しかし、当時の合宿所は荒れており、ビール瓶がごろごろ転がっているようなありさまだった。早朝練習を命じても、誰も出てこようとしない。

まだランナーとして現役であり、部員よりもずっと速く走った青葉は、率先して練習をこなした。そのうちに志のある部員は、早朝練習に出てくるようになった。

大東文化大は青葉が監督に就任する直前の第44回、68年に初めて箱根駅伝に出場したが、最下位だった。

青葉監督が率いた新生チームは、その年の予選会で２位。本大会（第45回、69年）では、１年目にして総合７位に入り、見事シード権を獲得した。

青葉の妻も、献身的にチーム作りを手伝った。幼い子供二人とともに合宿所に住み込み、クリスマスや正月のご馳走をふるまうなど、なにくれとなく部員の世話をした。

只隈たちがつないだ緑色のタスキも、妻が一針一針に願いを込めて縫い上げたものだった。そのタスキに青葉は、「必勝　大東文化大学」「1秒1メートルを大事に」などと書き入れた。

携帯電話がまだ普及していない時代だったため、大会中妻は合宿所に残り、各中継所にいる部員たちと公衆電話でやりとりをし、夫に情報を伝えるなど、チームの発展に尽くした。

初出場の山梨学院大学

この第63回大会では、創部2年目の山梨学院大学が初出場を果たしていた。前年11月に大井埠頭で行われた予選会も、初出場ながら6位で突破していた。

往路は最下位でゴールしたために、テレビの画面にはさほど映らなかったが、3区を走った2年生の夏目《なつめ》勝也《かつや》以外、全員が1年生で構成されているフレッシュなチームだった。

全員がいがぐり坊主。目にも鮮やかなプルシアン・ブルーのユニフォームを身につけ、箱根路を走る喜びに満ちた選手たちに、沿道の観客も拍手を惜しまなかった。

27歳の上田誠仁監督（現・陸上部顧問）は、順天堂大の選手時代に、3年連続5区で出場している（第55～57回、79～81年）。うち区間賞を2度獲得。澤木監督の指導下、山登りのスペシャリストとしてならした。

その澤木が、１９４６年に創立された山梨学院大の学長から、「86年は山梨で国体（国民体育大会）があることだし、本学でも陸上競技部を創部し、全国レベルで強くしたい。いい指導者はいないだろうか」と相談を受けた。

澤木が白羽の矢を立てたのは、上田だった。

「精神的にしっかりしていて頼りになるのは、あいつしかない」

澤木の口説き文句はこうだった。

「指導者として頑張らないか。５年計画で、山梨学院大のチームを箱根に出すんだ。お前は中学校での教員経験もあるし、何より根性があるじゃないか」

恩師にそこまで言われて、上田は断るわけにはいかなかった。

１９８５年に陸上競技部の監督として就任後、上田は、２年生から４年生までが６人、1年生が28人という若いチームをビシビシと鍛えた。

それは上田にとって、「不可能への挑戦」だった。しかし、小さな光を信じ、「５年ではなく、４年で箱根に連れて行く」と宣言し、学生たちに入部を勧誘した。

まさか、創部わずか2年にして箱根に行けるとは。監督本人が一番驚いていた。

10区のアンカーを務めたのは、やはりまだ1年生の高橋真《たかはししん》だった。彼はのちに、大ヒット作『いいひと。』『最終兵器彼女』（ともに小学館）を描くことになる漫画家「高橋しん」だ。

高橋は、北海道・士別《しべつ》市で、郵便局員・眞純《ますみ》、悦子《えつこ》夫妻の三男として生を受けた。3人目は女の子がほしかった父は、「真紀子」という名前を用意していたという。

高校時代に陸上競技の選手を志していた父は、毎年こどもの日になると、近所の子供たち十数人を招いて「子供マラソン大会」を開催するほど陸上競技の普及に熱心だった。メダルや賞状もきちんと用意したその大会は徐々に評判となり、市主催のイベントへと成長していったという。

体調のせいで陸上競技を断念せざるをえなかった父は、「3兄弟の誰か一人でも陸上選手になってくれれば」と願っていた。

物心ついた頃からずっと高橋は、兄二人と共に、早朝のランニング、就寝前の腕立てふせや腹筋を欠かさなかった。

小学校のテスト中に、答案用紙の裏につい漫画を描いた高橋は、そのまま消さずに提出してしまった。翌日、漫画つきで戻ってきた答案用紙を見て激怒した父から、罰として、真冬の早朝、雪のしんしんと降る、まだ真っ暗で凍りついた道を、隣町まで走るよう命じられたこともある。

またあるときには、ランニングの途中で道端にキタキツネが倒れているのを発見。

「あ、キタキツネが死んでる！」

「わーっ！」

怖くなって、兄弟で家まで駆け戻ってきたこともあった。

テレビ中継がまだなかった時代だ。正月になると「箱根駅伝マニア」の父は、必ずラジオをＮＨＫに合わせ、熱心に実況に耳を傾けた。

幼い頃は、「一緒に聞こう」と言われてもさほど興味がなかったのだが、中学に入ると高橋は、ラジオから流れてくるアナウンサーの興奮した声に耳を奪われた。

「山下りのスペシャリスト・谷口《たにぐち》が、ものすごい勢いで箱根の山を駆け抜けていっております！」

それは、強豪、日本体育大学・谷口浩美《ひろみ》の走りだった。オリンピック代表にもなった谷口は、３年連続６区を走り、３回とも区間賞を獲得している（第57～59回）。

「箱根っていうのは、えらいところなんだなあ」

高橋少年は、歌川広重が描くような箱根の山道を、猛スピードで駆け下りていくランナーの姿を夢想していた。

貧血のせいで全国高等学校総合体育大会（インターハイ）に出られなかった高橋にとって、高校時代は不完全燃焼に終わりそうだった。スポーツで大学に進学した人を知らなかったため、高橋は「陸上は高校まで」と決めていた。しかし、どこかもどかしい思いがあったのも確かだった。

「このまま止めていいのかな……」

そんなある日、旭川の陸上競技連盟が、父を通じて声をかけてきた。

「山梨学院大学という大学が、箱根駅伝に出られるようなチームを作るために、選手を集めている。行ってみてはどうだろう」

それを聞いて、高橋の心は動いた。

『これから作っていくチームなんだ。それなら、高校での実績がない僕でも、力が試せるかもしれない。でも、山梨がどこにあるのかもよく知らないし……』

期待と不安でとまどう息子の心を見透かすように、父は進学を勧めた。

「チャレンジしてみろ。1～2年やってみれば、自分がそのままいけるかどうか、分かるだろう。それでもしだめだったら、自分の好きな道、たとえば絵を描くとか、そういう方向でやり直せばいいんだから」

幼い頃から絵を描くのが好きだった高橋だが、父の夢でもある箱根駅伝出場を目指すため、山梨学院大へ入学することにした。

高校3年生の冬には、早くも大学の合宿に参加することになった。

北海道の別の高校から二人の生徒が入学することになっていたので、山梨まで一緒に行くことにした。飛行機や電車を乗り継いでいく道すがら、彼らは嬉しそうに言った。

「俺、髪の毛伸ばし始めたんだよー」

「うちは、坊主刈りじゃないとだめだったからなあ」

高橋の高校は比較的自由だったため、高橋にとって髪型の話は他人事だった。

山梨県の国鉄（現・JR）甲府駅にようやく着いた。北海道を出発したときは明るかったのに、もう夜だ。駅には、上田監督が出迎えに来ていた。

「おう、よく来たな。ちょっと腹減ったな、飯は食ってきたか？」

「……食ってません」上田の思いもよらぬ迫力に、3人は少し気圧《けお》されていた。

「じゃ、飯食いに行くぞ」

ファミリーレストランでハンバーグ定食などを食べながら、上田がにやりと笑った。

「お前らの髪の毛も、今日限りだなあ」

「え……」

3人は思わず顔を見合わせた。『聞いてないよ……』

次の日、寮の先輩が、バリカンを持って待ち構えていた。

「本当かよ……」

まさに、まな板の上の鯉だった。高橋は、生まれて初めて丸坊主になった。

「ここまで来たら、もう後戻りはできないな」

山梨学院大の一員として、覚悟が決まった一瞬だった。

創部2年目での予選会突破

高橋は、チームが一丸となって「箱根駅伝出場」を目指していると思っていた。ところが、

「箱根駅伝？　俺たちが出られるわけないじゃん」

と関東出身の部員から言われて、心底驚いてしまった。

伝統校や強豪校がしのぎを削る中で、新進校が出場することは、並大抵のことではない。それは関東では「常識」だったのだが、入学するまで高橋は、状況を把握していなかった。

入学直後、高橋の成績は部員の中で最低に近かった。体力や持久力も、他の部員に劣っていた。しかし、自分が箱根駅伝で走ることを夢見ている父のために、高橋は頑張った。階段を一歩一歩上るように厳しい練習をこなし、ついに予選会に出場するメンバーに選ばれた。

1986年11月3日。大井埠頭周回コースで予選会は開催された。予選会には各校から14人が出場し、20キロを走る。その上位10人の合計タイムの上位6校が、栄えある大会への出場権を得るのだ（現在、予選会は、陸上自衛隊立川駐屯地―国営昭和記念公園

で行われている)。

参加37校、計470選手がスタート地点に集った。

山梨学院大のような新興校は、どうしても後方からスタートすることになる。すると

トップ集団より一人あたり5秒は遅れることになり、合計すると大きなタイムロスにな

る。

そのことを知っていた上田監督は、ビデオなどを使って過去の予選会を研究した。す

ると、スタート直後はなぜか、集団が左寄りになって走ることがわかった。

「ならば、我々は右側から縦一列で前へ抜け出せばいい」

その作戦を胸に、プルシアン・ブルーのユニフォームをつけた選手たちが飛び出して

いった。

ぎりぎりの成績でメンバー入りを果たした高橋は、緊張からか、思うような走りがで

きなかった。途中で眼鏡を落としてしまったし、水ぶくれがつぶれ、シューズには大き

な赤いしみができていた。

「ごめん」

ゴールした後に出てきたのは、謝罪の言葉だった。

自分が、記録に集計される10番目の選手だということは、情報で分かっていた。あと

1秒でも早く走れればよかったのに。

いよいよ結果発表の時間となった。

ホワイトボードに、1位から順に大学名が記入されていく。まるで大学の合格発表のように、あちこちで歓喜の声が上がる。

合計タイムの1位は、強豪・日本大だ。次に、伝統校である専修大、筑波大、東洋大、明治大の名が続いていく。もうあと1校分しか枠は残されていない。

「うちは……?」

「やっぱりだめだったか……」

そのとき、「6位　山梨学院大学」と6位の枠に書き込まれた。

「入った！　予選会突破だ」悲願だった本選会への切符が手に入ったのだ。

その瞬間、部員たちは一斉に「うわーっ」と叫び、小躍りした。そして、上田監督を取り囲むと胴上げを始めた。まるで優勝でもしたかのような盛り上がりだ。

人目をはばかることなく、上田は顔をくしゃくしゃにしながら泣き始めた。

取り囲む報道陣のマイクに向かって、上田はこうコメントした。

「不可能への挑戦でした。でも9割方は無理だから止めるのではなく、1割でも小さな光があれば、トライしてみようと。そこからチャンスが生まれるんじゃないかと思ったんです」

「アンカー」に選ばれて

2か月後の大会に向けて、起用メンバーが発表された。高橋は最終区の10区に名前を連ねた。

北海道では、スタートとゴール以外は応援してくれる人もまばらで、農作業中のおばさんが手を振るぐらいだった。高校の駅伝では、最長区間（10キロ）の1区ばかりを担当していた高橋にとって、観客が多く、ゴールを祝福される「アンカー」を務めることは、中学時代からの憧れだった。

しかし、今回のアンカーは意味合いが違う。初出場の山梨学院大が、優勝にからむアンカー対決をするとは考えられない。さらに10区は、道が平坦であるため、誰にでも走りやすい区間だといえる。5区や6区といった「スペシャリスト」しか走れないという区間ではない。つまり、いつ補欠の選手と替えられてしまうかも分からないのだ。

そうは言っても選手に選ばれたことは「責任を負う」ということだ。

「来たか……」

高橋は、その責任を静かに受け止めると、どんな走りを見せたらいいのかを考え始めた。

「とりあえず、両親に電話で報告しないと」

しかし、寮にあるのは、10円玉しか使えないピンクの公衆電話だった。高橋は寮を抜け出すと、100円玉の使える公衆電話から報告の電話をかけた。両親は心から喜んでくれた。

「真を応援に行こう。俺一人じゃ行かないよ。行くならみんなでだぞ！」

眞純は満面に笑みを浮かべ、長男と次男にも声をかけることに決めた。

年が明け、高橋夫妻は東京へやって来た。長男と次男は既に独立していたため、山梨学院大が家族のために部屋を取ってくれた東京・品川プリンスホテルで合流することにしていた。

ふるさとへ帰省する人が多い正月の東京は、人気《ひとけ》が少なく、のんびりしている。

しかし眞純は、落ち着きをなくしていた。

『まさか、最後の最後で、真がはずされたりしないよな……』

実は上田監督も、順天堂大1年生のときに、走る前日の深夜になって10区をはずされ、悔し涙を流したことがあった。代わりに起用されたのは、数時間前まで自分の「付き添い」をしていた同級生、波多野宏美《はたのひろみ》だ。そして翌日は、その波多野の「付き添い」をすることになったという。

「そのとき、最も調子がいいやつを使うんだ。練習を見れば分かる」

勝負に厳しい澤木監督の、無情の指示だった。

「そんなことになったら、真の活躍を楽しみにしている地元が大騒ぎになるなあ。でも、自分でもそんな悔しい思いをした上田監督のことだから、きっと同じことを選手にしないだろう。この間、お話をしたときも、『真は強くなっている』って言ってくださったし……」

我が子の晴れ姿をなんとしてでも見たい。眞純は一人、気をもんでいた。


1月2日。日テレによる初の往路中継を、高橋は寮の部屋で見ていた。

部屋は二人部屋なのだが、ルームメイトの梶川和行《かじかわかずゆき》は4区を走るために、前日から寮を離れていた。

仕上げの練習を行った後、しんと静まり返った寮の部屋で、高橋は一人コタツに入り、みかんを食べながらテレビ中継を見た。

「あ、『箱根駅伝』って、こんな感じの大会なんだ」

それは生まれて初めて見る、リアルな映像だった。昨日まで一緒に練習していた選手が、テレビの中に映っている。

何か大きなドラマがあるわけではない。選手たちは、自分の実力をきちんと出し切るために懸命に走っている。テレビカメラは、その姿を淡々と映していく。

そのことを確認できただけで、高橋は落ち着くことができた。

夕方、付き添いの同級生たちと特急に乗り、高橋は東京の宿舎へ向かった。「アンカー」をきちんと務めるために。

第9章　栄光のゴールに向けて

第4部スタート！

初回のテレビ中継は、中央大学、日本体育大学、順天堂大学という強豪校が三つ巴となるという好レースにも助けられた。２強がもつれることはよくあっても、終盤まで３校がぶつかり合うのは長い歴史の中でもまれなことだ。

６区が終わった時点での順位は、１位中央大、２位日本体育大、３位順天堂大だった。しかし、７区で順天堂大の22歳ながら１年生の山田和人《やまだかずと》が日本体育大をかわし、２位へ浮上した。この山田は、実は前夜まで補欠の選手だったのだが、澤木監督がエントリーしていた選手を急遽とり下げ、抜擢したのだ。澤木監督の判断は、こうだ。

「山田は２度走った１万メートルで、自己記録を伸ばした。勝つためには、その時の調子がよりいい者を使う」

山田は変り種で、新潟の高校時代はクロスカントリースキーの選手だった。その後自衛隊に入隊したが、「教員免許がとりたい」と思い立ち、２年間の浪人を経て順天堂大に入学。本格的な陸上競技の練習は１年足らずにもかかわらず、区間２位と健闘し、期待に応えた。

東京地区ではマイクロとライン（連絡回線）のチェックが終わり、すべての準備が整っていた。

レースは8区の終盤を迎えていたが、その時点でも先頭集団を構成しているのは、中央大、順天堂大、日本体育大の3校だった。

そして9区。戸塚中継所でタスキを受け取ると、中央大・瀬田《せた》和広《かずひろ》と日本体育大・別府《べっぷ》健至《けんじ》は、素晴らしいスタートを切り、しばらく二人は並走しながらトップ争いをしていた。

ところが、最初は出遅れたように見えた順天堂大の主将・横道正憲《よこみちまさのり》が、西横浜駅前を過ぎたあたりから、猛然と二人を追いかけてきた。

「テレビに映るなら、2位より1位の方がいい」

市街地を走る選手を映す２号車　　写真提供・日本テレビ

レース前に豪語していた横道は、初の生中継に奮起したのか、ついに二人に追いつい
た。そしてそのまま三人は、熾烈《しれつ》なトップ争いを始めた。
総合ディレクター田中は焦っていた。まもなく正午。第4部の開始時刻なのだ。
Qシートでは、オープニングVTRの後、第3部のハイライトVTRを見せてから小
川アナのコメントで番組が始まることになっている。ハイライトVTRを急いで編集し
た担当者はじめ、スタッフ全員の準備が既に完了していた。
しかし今、1号車の前で繰り広げられているのは、史上まれに見るデッドヒートだ。
これを伝えない手はないだろう。これこそが、スポーツ中継の醍醐味だ。
三人は抜きつ抜かれつを繰り返しながら、デッドヒートを繰り広げている。
これほど迫力ある優勝争いが番組開始直前に起こるとは、さすがに田中も予想をして
いなかった。もう正午だ。どうするかを決めるのは、自分しかない。
「VTRは全部カット、1号車から入ります。実況も1号車芦沢さんから」
放送直前の田中の指示に、全スタッフに緊張が走った。そして放送がスタートすると、
1号車の芦沢アナがすかさず実況を始めた。
しかしすぐに、予期せぬ事態が起こった。芦沢アナの音声が乱れ始めたのだ。
「だめだ、使えない！　使えない！」
音声担当が叫んでいる。何を喋っているのか、ほとんど聞き取れない。
するとすかさずセンターの小川アナが割り込んで、落ち着いた口調で実況を始めた。

「第63回箱根駅伝は復路第9区、ものすごい争いになっております」

先頭集団は、右手にデパートを見ながら横浜駅の方向へ走っていく。

「さあ、まもなく左側に、横浜駅を見ます」

音声が乱れて当然だった。横浜駅近辺は高速道路が走っていて、選手たちは、その高架下を走ることになる。そのせいでマイクロがつながりにくく、芦沢アナの音声が途切れてしまったのだ。

実はスポーツ中継では、こういった状況はよく起こる。それに慣れているベテランの小川アナならではの、素晴らしいフォローだった。

順天堂大・横道は、16キロを過ぎた地点でついにスパートをかけた。ずっと並走していた中央大・瀬田は、そのスピードについていけない。しばらく食い下がっていた日本体育大・別府も、やがて置き去りにされた。横道の姿は公約どおり、1位でテレビに映っていた。


レース展開に落ち着きが見えたので、田中は、駒ヶ岳のカメラが送ってきた美しい富士山の映像を途中ではさみこんだ。

「現在箱根の上空は青空が見えています。雲の上に、御覧のように見事な富士山をとらえています」

小川アナも、感に堪えない様子で実況をする。日本の正月に富士山の雄姿は、やはり欠かせない。今朝の悪天候がまるで嘘だったかのような、晴れやかな映像だ。

両親の励まし

山梨学院大学の10区は、予定どおり高橋真が務めることになった。それを知った両親は、小躍りして喜んだ。北海道からはるばる応援しに来た甲斐があった。

大学が用意してくれたワンボックスカーに乗ると、出場選手の家族たちは、9区と10区の中継地点である鶴見中継所を目指した。

しかし、車を止めるスペースなどまったくないほどのすごい人だかりだ。テレビ中継を見て、近所の人々が駆けつけて来たらしい。

「どうやったら真と会えるんだ？」

眞純と悦子は途方に暮れた。なんとかして、息子に一言励ましの言葉をかけたい。車を降り、人の波を必死でかき分けて進むと、ようやく息子の姿を見つけることができた。

上下のユニフォーム、防寒コート、そしてタスキとも、山梨学院大のスクールカラーであるプルシアン・ブルー。両手に水色の手袋をはめ、腹部が冷えないように、ゼッケンの裏側に綿《わた》を縫い込んでいた。

「よく寝られた？」

悦子が聞くと、真はニコッと爽やかな笑顔を見せた。

「うん、寝られた」

山梨学院大は、最下位を走っている。眞純は息子に、心からの激励を送った。

「もうこれ以上落ちることはない。焦らず、しっかり頑張れ。ゴール前で待っているぞ！」

頑張れ、西口

山梨学院大の9区・西口英樹《にしぐちひでき》は、かなり苦しそうだった。やはり1年生でまだ18歳。「箱根」という大舞台の上で、タスキをつなごうと懸命に走り続けている。沿道の観客も、9区の最終ランナーに盛大な声援を送ってくれている。

「君、これもって」

高橋は鶴見中継所の係員から、「繰り上げスタート」用のタスキを渡され、ドキッとした。

『あー、これか。できればつけたくないなあ』

西口は、近くまで来ているという。

『これは、きっと要らない』

高橋は、西口の頑張りを信じていた。

中継所で行われるタスキリレーは、駅伝では重要な見所だ。それを見ようと新聞社の小旗を持った観客が鈴なりになっているほか、テレビ中継用のやぐらが立てられ、カメラも設置されている。すべての大学のタスキリレーをきちんと映すこと。それは、この番組で坂田と田中が中継所のスタッフに厳命した鉄則だった。

　高橋は、どこかヒーローになった気分だった。ここにいる人たちが、自分だけに注目しているわけでないことは分かっている。それでも、なんとなく、「ここでは自分が主役だ」と思うことができた。

　目の前では、他の大学が次々にタスキリレーを済ませていく。残っている選手は、自分だけだ。それでも高橋の心は落ち着いていた。この日のために、黙々と厳しい練習を積み重ねてきたのだ。ここにいる人たちがみんな、自分を応援するために集まってくれたような気がしていた。

　西口がけいれんした足を引きずりながら中継所に姿を見せたときも、高橋は慌てることがなかった。

　西口は顔をゆがめ、タスキを手渡そうと必死の形相で向かって来る。あともう数メートルだ。

　鶴見中継所の実況担当・白岩裕之《しらいわひろゆき》アナが、声のテンションを上げた。

「今日の山梨学院大はほとんど１年生です。西口から高橋へ！　タスキが渡った！」

力尽きたのか、タスキを渡す瞬間、西口は高橋の方へもたれかかるように倒れた。

「お疲れ！」

高橋が声をかけると、西口はなんとか答えた。

「任せたぞ……！」

高橋もよろめいたが、すぐに体勢を整えると、タスキを肩にかけて走り出した。あとは、大手町のゴールに向かうだけだ。

「初めての出場、山梨学院大。学校の歴史に新たな1ページを刻んで、最下位ではありますが、タスキを渡しました。これで全15チームのタスキリレーが終了したわけです」

白岩アナは、小田原と鶴見という約50キロ離れた2つの中継所の実況を担当していた。タクシーと電車を乗り継ぎ、なんとか次の中継所にたどり着き、実況をこなしていたのだ。

アナウンサーも実は、「実況」というタスキをつないでいる。白岩も、ようやくこれで「タスキリレー」を終えた。

小川アナが実況を引き継いだ。

「西口は、本当に疲れ切った、とにかく走ったという表情でした。学校の歴史に新たなページを刻みました」

解説の関根も、山梨学院大の健闘を讃えた。

「鶴見に来て『繰り上げスタート』がなかったというのは立派です。予想がつかなかった健闘です。涙が出るような気持ちです！」

当時の規則により箱根駅伝では、往路・復路すべての中継所で、先頭から20分遅れたチームは前走者が到着しなくても次の走者は出発しなくてはいけない（ただし、往路の鶴見・戸塚中継所では10分とする）。

初出場、しかも一人の2年生を除いてすべての選手が1年生という新進校の山梨学院大が、自校のタスキをつなぎ続けたというのは、素晴らしい快挙だったのだ。

とんだハプニング

10区は、昨年もアンカーを務めた順天堂大3年生の工藤康弘《くどうやすひろ》が、2位を走っている日本体育大に1分以上の差をつけていた。

「一人旅」を続けていた順天堂大・工藤を、とんだハプニングが襲った。

2・1キロを過ぎた時点で、黒いサングラスをかけ、小旗を持った青年が沿道から突然飛び出してきた。工藤と並んで走り始めたその青年を、警備をしていた警察官が慌てて捕まえようとした。

その手を逃れようとした青年は、工藤の脚に接触。工藤は両手を地面につき、体の右側から倒れた。

後方の伴走車が迫るという危険なその瞬間を、テレビカメラはとらえていた。

「ああっと！　アクシデントがありました！　沿道の青年が走り始めてしまい、それに工藤がつまずいてしまいました。これはいけません、これはいけません！」

「まずいですよ、ああいうのは、まずいですね。ちょっと工藤くん、痛そうですね」

解説の大久保が同情する。

体力の限界に挑戦し、必死に走っている選手が、心ない一人の観客によって目の前で倒されてしまった。1号車で中継していた芦沢アナと解説の大久保は、憤った。

工藤は顔をしかめたものの、健気にすぐ立ち上がり、そのまま前へ走り始めた。

「大丈夫か？　大丈夫だったら手を挙げろ」

後ろの伴走車に乗っていた澤木監督が呼びかけると、工藤は手を挙げた。それを見て、百戦錬磨の指揮官は、冷静に判断した。

『まだ元気なうちだったから、防御反応が働いたんだろう。転び方も「まろやか」だったから、たいしたことはなさそうだ。このまま様子を見よう』

一方、このふとどきなサングラス男は沿道の人混みへ逃げ込んだが、警官に追いつかれて御用となった。暴行の現行犯で逮捕された男は、20歳の専門学校生だった。興奮して飛び出してしまったらしい。取り調べでたんまり油をしぼられ、しょげていたという。

「目立つことが好きなので、アンカーはたまらない」と報道陣に語っていた工藤だが、こういう形で目立つのはさぞ嫌だっただろう。しかし予期せぬ「妨害」にもめげず、1キロを3分10秒以内という好ペースで走り続けた。2位の日本体育大・小川欽也《おがわきんや》との差は、210メートル。この調子なら、怪我もしていないだろう。

中継車から工藤の様子を見守っていた大久保は、視聴者に釘を刺した。

「工藤への影響はないにしても、学生たちはフェアにやっているのだから、沿道の方のこういうことは、あってはならないですね」

芦沢アナも、言葉を続けた。

「全国の長距離ランナーが、中学、高校時代からこの箱根駅伝に憧れて大学に入り、1年生のときから練習に練習を重ねて、必死になってこの大路を走っているわけですからね」

工藤は相変わらず快調に飛ばしている。それを見て田中は、「金栗足袋《たび》」のエピソードを入れることにした。

小川アナが、駅伝の父・金栗四三が発明した「金栗足袋」の実物をカメラに見せる。

これは、普通の足袋をランナーが走りやすいように改良し、底にゴムを貼り付けたものだ。1936年第11回ベルリンオリンピックに出場した孫基禎《そんきてい》選手や、後に衆議院議長を務めた河野洋平《ようへい》の叔父にあたる河野謙三も使用したという。

また、第1回大会（1920年）の優勝旗につけられていたという各校の「ふさ」も紹介した。「大正九年」という年号とともに、各校の名前が書き入れられた、由緒あるものだ。優勝旗自体は、戦争で焼けてしまったという。

栄光のゴールへ

第30回大会（1954年）の早稲田大アンカーで、失神状態ながら優勝のテープを切った昼田《ひるた》哲士《てつし》は、小川アナに自らの経験をこう語った。

「箱根駅伝は歴史と伝統がある上、大学対抗です。選手は今までのことを、無にしたくない思いがあります。だから私も、意識がなくても本能的に右折し、ゴールにたどり着けたのです」

残り2キロあたりから、レースが動きはじめた。順天堂大・工藤の表情がやや苦しげになってきたのだ。

「イチニ、ソーソー、イチニ、ソーソー」

それまでは静かに見守っていた澤木監督が、マイクで声を掛け始めた。

ゴール地点で待ち構えていた舛方勝宏アナも、実況を始めた。

「今、順天堂大・アンカーの工藤が、伝統と栄光のゴールを目指しています。沿道から人が飛び出してぶつかるというアクシデントを乗り越えて、一歩、また一歩、ゴールを目指し、2年連続で優勝のテープを切ります」

光が差し、明るくなってきた東京駅前の大通りを、工藤はひた走る。

「工藤の姿がはっきりと見えてまいりました。あと150メートル！　61台目のカメラが工藤をとらえました！　今、右にカーブをとりました！」

名前が連呼される中、工藤は、右手をつき挙げてテープを切り、ゴールインした。順天堂大が、6度目の総合優勝を決めた瞬間だ。2年連続の逆転劇による優勝だった。歓声と拍手が沸き起こる中、工藤は仲間たちからもみくちゃにされ、幾多もの手で胴上げされている。

復路（107・1キロ）は5時間34分35秒、総合（213・9キロ）では通算11時間16分34秒という記録だった。

駆けつけた澤木監督は、増田隆生アナによる優勝監督インタビューにこう答えた。

「今年は、相手が日本体育大（130人もの長距離部員がいる）さんだったので、自信はなかったですね。でも、8区でいけると思いました。6区、7区の新人が予定以上に幅寄せしてくれましたし」

厳しい勝負を終えたあとの柔らかい笑顔を浮かべながら、澤木監督は選手たちをねぎらった。工藤も、監督や選手のほか、支えてくれた部員やOBたちにお礼の言葉を述べた。

その間に、日本体育大、中央大がゴールへ入ってきた。昨年8位でシート権ぎりぎりだった中央大の選手たちには笑顔があったが、往路は勝ったものの、総合優勝を逃した日本体育大の選手たちは悔しさでいっぱいのようだった。

熾烈《しれつ》なシード権争い

移動中継車・1号車は、残り600メートルの地点でUターンした。ゴールの実況は舛方アナに任せ、今度は「シード権争い」を撮影するために田町まで引き返さなければならないからだ。

「シード権」、それは、大会で「9位以内」（現在は10位以内）に入ったチームは、翌年の予選会を免除されるというものだ。「予選会通過校」に対して「シード校」という輝かしい名前を与えられる。予選会へ向けての調整が必要なくなるため、年間のスケジュールも立てやすくなる。そのために中位校は、シード権確保のために、終盤で熾烈な争いを繰り広げることになる。どの選手に尋ねても、個人でほしいのは「区間賞」で、チームとしてほしいのは「シード権」だと答えるという。

1号車が戻ってみると、そこには早稲田大のアンカー、曽根《そね》雅史の姿があった。早稲田大は前年総合2位、今大会では往路1区で池田克美の活躍により好スタートを切った。優勝候補の一つだったが、3区で大ブレーキがあった。9区までで6位と盛り返したものの、シード権を取れるかどうか、危うい位置にいた。

スクールカラーである「えんじ」に白く抜かれた「W」の文字。やはり「えんじ」のタスキをかけて走る曽根の後ろから、伴走車に乗った鈴木《すずき》重晴《しげはる》監督が校歌「都の西北《せいほく》」を歌い、一生懸命励ましている。その歌声に反応し、曽根は顔をゆがめながら必死に前へ、前へと足を運んでいる。

ゴールで待っている仲間のために、ぜひとも上位９校に入らねばならない。シード権をなんとしてでも獲得せねば。優勝とは関係のない、壮絶な戦い。１号車のスタッフたちは心を揺さぶられ、目頭を熱くした。

４番手の日本大がゴールするまで、２分はありそうだ。田中は急いで指令を出した。

「ここで、スタジオゲストのコメント、行くよ！」

１９６８年の第44回大会で優勝した日本大でアンカーだった土谷《つちや》和夫《かずお》は、現役時代を思い出しながら、感動を伝えた。

「もう一回、生まれ変わったら、もう一回、箱根駅伝を走りたいですね」

異例のエンディング・ロール

箱根地区の「駒ヶ岳」のスタッフは、まだ山の頂上で粘っていた。どうしても撮りたい絵があったからだ。

空はすっかり晴れ上がり、光の具合いも最高だ。駒ヶ岳のディレクター菊池は、急いで梅垣に連絡した。

「見てください！　駒ヶ岳からの『ビューティ（美しいショット）』を！」

梅垣は早速、その絵を使うことにした。爽やかなテーマソングとともに、提供スポンサー名が紹介される。その背景は、駒ヶ岳から撮った、青い空にくっきり浮かんだ霊峰富士の神々しい姿だった。

「どうだい、俺たちの富士は⁉」

新年にふさわしいショットを撮ることができた駒ヶ岳組は、胸を張った。


放送もいよいよ終盤を迎えていた。

小川アナが全区間賞選手を紹介しているうちに、日本大もゴールした。予選会からの出場で4位という成績は立派だった。

そして、カメラが9番手の筑波大学・星野有《ほしのゆたか》が走る姿をとらえた後、小川アナがとう
とう、締めの言葉を語り始めた。
「手から手へ、時代から時代へ、熱い思いをタスキに込めて『箱根駅伝』を走り継いだ選手たちは、今年でトータル８２６０人になります。伝統を背負って走ることが、どんなに力を与えてくれるか、選手たちが教えてくれました。歴史にまた新しい感動を刻んで、『第63回東京箱根間往復大学駅伝競走』、今、栄光の15校がフィナーレを飾るゴールテー

プに次々と入り込んでまいります。さあ、来年を期待して、この辺で失礼いたします」

小川アナの重厚なナレーションが終わり、往路で15校の選手がスタートしたときの映像がスローモーションで流れた瞬間、外国人女性ボーカリストによる歌声が流れ始めた。

切なく、魂が揺さぶられるような歌声をバックに、印象的なシーンをまとめた映像がまるで走馬灯のように現れては消えていく。

顔をしかめながら走り続ける選手、タスキを渡して崩れ落ちる選手、渡されたタスキを笑顔で受け取る選手、走り終え失神してしまう選手、激しいトップ争い、歓喜のゴールシーン、そして、ヘリコから映した、大手町の風景。

優勝のテープを切り、ガッツポーズをしたまま仲間の腕に飛び込んでいく選手の晴れやかな表情……。


ついに終わった。

番組の最後に流すエンディング・ロールには、制作に協力してくれた系列テレビ局や団体・企業名が次々と紹介されていく。

その最後には、プロデューサーやディレクターといった責任者たちの名前だけが現れるはずだった。

しかし、画面を見ていたスタッフたちは、息を呑んだ。

そこには、「箱根に挑んだスタッフ」との表記のもと、社員も系列局員も外部スタッフの違いも関係なく、サポートスタッフを含めた関係者全員の名前が流れ出したのだ。

本社で指揮を執った「坂田信久」「田中晃」から始まり、各地区ごとに、制作に関わったすべての者の名が、なんの肩書きもつけないまま流れていく。

この異例の試みは、田中が坂田に訴えて実現したものだった。

「確かに番組の最後に、『責任の所在はどこか』を明らかにすることは必要です。でもこれだけ皆、一生懸命やってくれている。この番組は皆でやっているんです。だから、そういう、いつもの出し方じゃなくて、担当地区ごとに、全員の名前を出したいんです」

坂田には、田中のその心意気が嬉しかった。このレースは、全スタッフにとって大変な激戦だった。番組に関わった全員が、ベストを尽くし、本当によくやってくれた。全員の頑張りがなければ、絶対に実現しなかった番組なのだ。

事前に知らされていなかったスタッフたちは、自分の名前を画面に発見して胸を打たれた。

7位の専修大、8位の早稲田大がゴールする様子が、番組の時間内ぎりぎりにとらえられた。

そして、女性ボーカリストがドラマティックにエンディング曲を歌い上げたと同時に、白い文字が、画面に浮かび上がった。

「感動を継《つな》いだ213・9キロ。1987年、ときめきの幕開けをありがとう」

第10章　宴《うたげ》のあと

祭りのあと

午後1時55分。2日間、延べ8時間にわたる生中継がついに終わった。

プロデューサー坂田による構想期間は、約23年。総合ディレクター田中やテクニカル・ディレクター大西らとともに費やした準備期間は、約2年だった。

「やったぞ！」

「すげえ！」

「バンザーイ！」

スタジオ全体が、拍手や歓声に包まれている。

坂田の予想をはるかに上回る、素晴らしい中継だった。

本当によくやってくれた。坂田の胸には、熱くこみあげるものがあった。


終わった瞬間、小川アナの額にはふわーっと汗が浮かんだ。

今度の中継は、今まで経験してきたスポーツ中継とはまったく違うものだった。野球やゴルフ中継では、実況アナは一人で喋る。解説者にはコメントをもらうが、基本的には「個人プレー」だ。

しかし今回は、完全に「チームプレー」だった。これだけ大人数のスタッフが互いに信頼し、連帯感をもち、ゴールまで駆け抜けることができた。

出場校の取材やコースの勉強など、寝る間を惜しんで準備に時間を費やしたが、『やってよかった。あのとき、坂田たちの頼みを断らなくてよかった』と、小川は心から思った。

隣に座っていたサブアナの加藤も、感激のあまり目が涙で潤んでいる。語りべの鎌田も何も言えないままポロポロと涙をこぼしている。

向こうから、坂田が駆け寄ってきた。小川アナと微笑みあうと、二人は固い握手を交わした。

サブコンであれほど活発に指揮を執っていた田中だったが、番組終了と同時に、言うべき言葉を失っていた。

ふと横を見ると、アシスタント・ディレクターを務めていた平谷と目が合った。何かを話すと涙が出そうだ。何も言葉にできない。ただ、グッと強い握手を交わすだけで精一杯だった。番組が終わったときにこれほど感激したのは初めてのことだった。

ありえない仕事量だった。本当に中継できるのか、不安にかられた日もあった。それでも、仲間を信じて、自分を信じてやってこられたのだ。

スタジオにいる誰もが、涙ぐみながら、「おつかれさまでした！」と声をかけ合っている。

感激も冷めやらぬ間に、スタジオにいるスタッフ全員の記念撮影があった。皆、晴れやかな笑顔を浮かべていた。

笑顔のゴール

初回の中継は、放送枠が短く、すべてのチームのゴールシーンを映すことはできなかった。放送が終了した段階では、まだ半分のチームのアンカーたちが、ゴールを目指して走っていた。

山梨学院大学・10区のアンカー、高橋真は感激していた。「箱根」を走っていること、そして、タスキを受け取ってからずっと、沿道の観客の人垣が切れないことに。

番組終了直後にスタジオで撮影した、中継に携わったスタッフたち　写真提供・日本テレビ

スタジアムであれば、観客はずっと同じ場所に座って見ているだけだ。しかし、箱根駅伝では、二十数キロにわたって、何重にもなっている人垣が途切れない。無限に続くのではないかとさえ感じられるぐらいだ。

その無数の観客たちは、見も知らぬそれぞれの選手に対して、心から「頑張れ」と思いながら声援を送ってくれる。それはよく考えると、とても不思議なことではないか。

それでも、走っている方は、確かにそういう「気持ち」を受け取りながら走っている。それは「大きなパワー」になっているのだ。

「ハイハイソウウ、イケイケソウウソウ」

伴走車に乗った上田監督から飛ぶ掛け声を背に、高橋は走った。

前を行く東京農業大学の婦木重秋《ふきしげあき》には、かなり離されている。それでも長い直線コースなので、彼の背中は見える。それをひたすら追いかけることに集中すればいい。

すると、後ろの上田監督から思わぬ檄が飛んできた。

「高橋っ！　北海道から来たおまえの父さんも見てるぞ！」

高橋は思わず顔を赤らめた。

高橋の両親はその頃、ゴール地点である大手町・読売新聞社の近くにいた。あまりの人の多さに、ゴール地点までたどり着けそうにない。人混みの中で、父・眞純は、息子の勇姿を見守っていた。

高橋は無心になってラストスパートをかけていた。

「真、ガンバレー！」

その絶叫が、耳に届いたかどうか。勢いのあるまま、高橋は最後の角を曲がった。

ゴール地点はごった返している。その中に、最後の走者を待つゴールテープ1本が、白く輝くように浮かび上がっている。あと少しだ。

「いいなあ、みんなにゴールテープがあるっていうのは」

テープを切った瞬間、高橋には自然とガッツポーズが出た。

そして、待ち受ける仲間の腕に、その身すべてを任せた。

優勝した順天堂大学に復路で遅れること、約16分。往復では31分23秒差をつけられ、最下位だった。しかし山梨学院大の選手たちは、そんなことよりもあこがれの箱根路を走り切れた喜びで笑顔でいっぱいだった。実はこのトップと最下位のタイム差は、過去最少だった。

他大学の監督も、そんな初々しい姿を見て、「山梨は予想以上に頑張った。涙が出ちゃうね」と感激したほどだ。

いがぐり坊主の1年生チームが一生懸命走る姿は、テレビスタッフにも強い印象を与えた。

番組最後のエンディング・ロールでは、高橋が9区の西口からタスキを受け取り、笑顔で走り出した瞬間が入れられていた。

山梨学院大・上田監督も、創部2年で出場できた上にタスキを最後までつなげられ、感無量だった。指導者としても、「駅伝って、本当に面白い」と大きな手応えを感じていた。

そのわずか5年後に山梨学院大が初優勝を遂げようとは、このとき誰も予想していなかった。

久野林道山頂・残酷物語

番組が終了しても戦い続けていたのは、選手たちだけではない。

「久野林道山頂」では、さらなる試練が待っていた。

「おつかれさまでした！」

箱根地区の担当である第3部の中継が終わって、約1時間。「箱根センター」から各ポイントのスタッフたちへ、機材撤去許可が下りた。機材を片づければ、東京へ帰れるのだ。

吹きさらしの山頂での一夜、そして初の「大役」を果たして、久野林道山頂組の面々もほっと胸をなで下ろしていた。

「ようやく家へ戻れますね。あったかくて、うまいもん、食べたいなあ」

「久々に自分の布団で寝られるのが嬉しいですよね」

ディレクターの今村やカメラの矢沢が口々に言う。マイクロ担当をしていた札幌テレビの中村も、にこやかにそれを聞いている。

小涌園の雑魚寝や冷え切った弁当、山頂での野宿もつらかったが、なによりも、この崖のような山の斜面を重い機材をかついで登ったのが一番体にこたえた。これほど体を酷使したことはない。

「じゃあ、こっちもさっさと片づけ始めるか」

テクニカル・ディレクターの水島は背伸びをして立ち上がると、あることに気づいた。

「……あれ？　もしかして……」

腰に両手を当て、でんと並んでいる機材の山を見つめる。肝がすわり、めったなことでは動揺しない水島だったが、胸の鼓動が高まっていくのが自分でも分かった。

『1週間かけて、業者さんや強力さんと一緒にようやく運んだ機材を、どうやって麓まで下ろすんだ？　ひょっとして、俺たち4人だけで、か……？』

1週間かけ、ようやく運び上げた機材を、急いで山から下ろさなければならない。それまでは本番に向けて集中していたので、撤収のことなどすっかり失念していた。強力さんを呼ぶのを忘れていた。

6区の走者が足を痛めるのと同様、「山下り」は足への負担が大きい。ましてや1台50キロ以上はある業務用発電機をかついで下りるとなれば……。さすがの水島の顔も、ひきつった。

そんなことはつゆ知らず、新人の今村や矢沢はくつろいだ顔をしている。しかし、今さらジタバタしても始まらない。日が暮れる前に撤収を終えなければ、ここでもう1泊するはめになるかもしれない。

機材撤収の責任者である水島は、急いで3人に説明をした。

「4人でやるしかない。早くこれを下ろさないと、今日はもう帰れなくなる」

それを聞いた3人は、目を丸くした。

「何で俺、こんなことしてるんだ?」

神奈川県横須賀市出身の今村は、冬山の登山経験は皆無だった。東京大学時代は、ボクシングに明け暮れていた。

倉本聰《くらもとそう》の作品が好きで、日テレにもドラマ制作を希望して入社したのだが、なぜか運動部へ配属された。スポーツ中継も、ひとつのドラマといえる。仕事に充実感を覚え始めたところだったが、まさか何十キロもある機材を背負い、泥にまみれながら山下りをするとは……。

しかし、4人の中で最年少だった今村は、あえて一番重い業務用発電機を背負った。

「さすがに、きついっす」

「想像を、完全に超えていたな……」

さすがに今回ばかりは水島も、後輩が愚痴を言うことを許した。

あとは時間と体力、そして気力との戦いだった。厳寒の中、夏用の薄いテントに泊まったせいで、誰の体もすっかり消耗している。何十キロもある荷物が、肩に食い込む。急斜面で足場の悪いところは、背負子を横に寝かせて機材を積み込み、ロープでそろそろ下ろすなどした。久野林道に停めてある機材運搬車まで、山頂から40分はかかる。

冬の日暮れは早い。外灯などもちろんない山の中だ。雨でぬかるんだ獣道を、4人の男たちは、時には転び、時には滑り降りながら、必死で往復するしかなかった。

打ち上げパーティ

なんとしてでも帰りたいという願いが天に通じたのか、撤収は思ったよりも早く終わった。東京へ向かう車の中で、4人はぐったりと疲れ切っていた。

「腹減った……。ちゃんとしたものが食べたいな」

小田原にあったファミリーレストランへふらふらと入っていく。

温かいハンバーグやシチュー。冷たい弁当やキャンプ飯以外のものを久しぶりに口にし、4人は生き返った。

本社の車庫にたどり着くと、4人は黙々と機材の片づけを行った。「技術」にとって、機材は命だ。どんなに疲れていても、丁寧に整備し、次の中継に備えるのが鉄則だ。札幌テレビの中村も、自局から貸し出した機材の梱包を行った。

今回の中継はかつてない大プロジェクトだったため、日テレが持っている中継機材やスタッフだけで実現することは不可能だった。そのために、札幌テレビやよみうりテレビ、広島テレビ、西日本放送など、日テレの系列局に人材と機材の支援を仰いだのだ。

機材の整理を終えると、4人は打ち上げをやっている大会議室へと急いだ。

午後6時半から日テレ本社の大会議室では、「反省会」という名の打ち上げパーティが催された。制作本部の面々や、中継に関わった社員、全国から集まった系列局員など、約100名もの人々が集まった。中継のVTRが、会場に置かれた4つの大きなモニターから流れている。

それを皆が見ているうち、司会役の田中が叫んだ。

「歴史的な中継が終わりました!」

大プロジェクトを引っ張ってきた田中の言葉に、会場は一気に沸き立った。

一人一言ずつ感想を言ってもらおうとマイクを回したところ、誰もが延々と話し始め、マイクを離さない人が続出した。

札幌テレビの中村にも、マイクが回ってきた。系列局と本社の社員が一堂に会する機会はめったにない。ましてや、今回のような大型番組のプロデューサーらに直接意見を言うのは、中村にとって初めての経験だった。

「このような大中継に参加し、地方ではできない貴重な体験をすることができたことに、感謝したいと思います。ぜひ、来年も参加したいと思っています！」

中村の決意表明に会場は盛り上がったが、水島たちは、心の中でつぶやいていた。

『あの機材の山上げと撤収さえなければな……』

ビールを飲んでいた矢沢は、中継のＶＴＲを見ているうち、モニターに釘付けになった。

「あ……」

ちょうど、自分が久野林道山頂で撮った絵が映ったのだ。画面はすぐに切り替わり、1号車が撮ったトップの選手が走る映像が流れている。

自分が撮った「絵」は、もちろん上手ではなかった。それでも、自分の目で確かめることができて、矢沢の体はじんわりと熱くなった。

『ああ、こういう形で番組に貢献できたんだ』

新米ながら矢沢は、「報道カメラマン」として事件の現場に一人で乗り込んでいくことがよくあった。そのスタイルが気に入っていたので、スポーツ中継のように、複数台のカメラが撮っていくことの意味がよく分かっていなかった。

『自分は一部分にしかすぎず、不完全燃焼するのではないか』

参加する前はそういう思い込みがあったのだが、大人数で一つの番組を作り上げていく過程に携わってみると、「皆でやり遂げた」という満足感は、予想外に大きかった。

自分が撮るカットは、番組の一部分にすぎない。それでも、そのたった1カットを撮るために、大勢のスタッフが、すごい努力と苦労、そして知恵や力を重ねてオンエアに乗せていく。そこで味わった感動は、今までにない格別なものだった。

「報道」には報道の良さがある。しかし、「スポーツ中継」に参加してみて、『こういうスタイルっていうのもすごくいいな』と素直に思えた。

宴もたけなわだった。誰もが解放感あふれる笑顔を見せていた。互いの健闘を讃え、美味しい酒を飲みながらの談笑が続く中、田中はふと思った。

『大西さんたちは、まだかな?』

駒ヶ岳組や久野林道山頂組の姿は見たが、「箱根センター」組の姿はない。

宴はなごやかに続いたが、すぐ翌日にある「高校サッカー選手権大会」の中継に行かなくてはならないスタッフもいる。早く家に帰って、家族と新年を祝いたい人もいるだろう。

そう思った坂田は、午後10時には宴を打ち切ろうと挨拶に立った。

「今回は、第1回の東京国際マラソンのときと同じくうまくいきました。来年は、よりプレッシャーがかかるかもしれませんが、皆さん、どうぞよろしくお願いします」

田中が最後に、場を盛り上げた。

「来年もやりたいか――っ！」

「オーッ！」全員が手を上げる。

「日本テレビの中継は、世界一だ――っ！」

「オーッ！」

箱根地区組の誰かが、茶々を入れた。

「小涌園の環境を、もうちょっと良くしてくださいよ！」

箱根地区組は皆、ゲラゲラ笑っている。あの雑魚寝も、今となってはいい思い出だ。

なごやかな雰囲気の中で、打ち上げパーティは終了となった。

技術サイドのささやかな打ち上げ

「箱根センター」組は、とうとう打ち上げ会場に姿を現さなかった。彼らを待ちたくて、田中は技術のスタッフルームへ向かった。

今回の中継の成功は、「技術力」の勝利だった。特に山岳コースの生中継は、難関中の難関だった。そのために、エネルギーの半分以上を箱根地区に投入したのだ。技術サイドが現地調査を繰り返し、こつこつと何百回も行ったマイクロテスト抜きには、実現できなかった。その分、通常より戦力が少なくなってしまった東京地区も、よく頑張ってくれた。

駅伝と同じく、「テレビ中継」は、マイクロを中継ポイントでリレーしていくことで番組が完成する。その意味で、中継の担い手である技術者たちも、選手と一緒に駅伝を走っていたのだ。田中はどうしても、彼らと喜びを分かち合いたかった。

東京の技術スタッフたちと談笑しているところへ、大西や山中ら「箱根センター」組がすべての撤収を終え、ようやく帰ってきた。田中は彼らを迎え入れると、大西や山中とガッシリと抱き合った。ついにこらえ切れず、涙がこぼれ落ちる。

梅垣は、自分が采配をふるった箱根地区のＶＴＲが流れているモニターを食い入るように見つめた。駒ヶ岳で撮った富士山の絵を東京へ送ってからすぐに撤収が始まったので、ＶＴＲを見る時間がなかったのだ。

ふと気づくと、昔女子駅伝の中継で自分が犯したミスを指摘した山中が隣に立っている。

間だった。

「よかったな」

ぽん、と肩をたたくと、山中は微笑んだ。それは、梅垣にとってトラウマが消えた瞬間だった。


ビールで乾杯しながら、技術スタッフは順番に感想を言い合った。

「今日、初めて感激しました。『未知なるもの』に挑戦したということに」

「本当はものすごいプレッシャーで、どうなることかと思ってました。『箱根センター』に入っても、セッティングの仕方がさっぱり分からなかったし。でも、昨日今日と、感動することばかりでした」

「自動車電話がブツブツ切れるなか、皆さんには一生懸命頑張っていただきました」

「ヘリが飛ばなかったら、どうつなぐんだろうと心配しました」

すべてがうまくいった後に飲むビールの味は格別だ。どんな苦労話も、今日は笑って話せる。

去りがたくて

本社の打ち上げパーティにも技術スタッフの打ち上げにも、竹下の姿はなかった。

箱根からあまりに去りがたくて、一人、残っていたのだ。

「箱根センター」の機材の撤収を手伝い、小涌園での片づけも済ませ、全スタッフを東京へ送り出した後、小涌園の森本らに丁重に挨拶を済ませた。

後は、一路東京へ帰るだけだ。自分の車に乗り込んだ竹下は、小涌園の駐車場から出ようとして、ぼんやりと思いを巡らせていた。

『右へウィンカーを出して曲がれば東京。左へ行けば芦ノ湖だ。このまま東京に戻れば、おそらく打ち上げに間に合う。みんなと抱き合って泣くんだろうな、俺……』

カチ、カチ、カチ……。ウィンカーは、右方向へ入っている。

『このまま帰るの、なんだかちょっと嫌だな』

箱根に対する思いは、自分の心だけにしまっておきたい。竹下はウィンカー方向を直し、ハンドルを思い切り左に切ると芦ノ湖へ向かった。

あたりは既にとっぷりと暗く、湖面は静かにたたずんでいる。折り返し地点には、今朝の混雑がうそのように人っ子一人いない。

沿道には、選手たちに向かって振られた無数の小旗が落ちている。竹下はそれを、一つずつ拾って歩いた。激戦の興奮と余韻が、そこには残っていた。

『そうだ、一寸木《ちょっき》さんに挨拶をしにいこう』

ふと思い立って箱根町役場へ向かったが、期待むなしく、役場は閑散としていた。すっかり顔なじみになった住み込みの女性が、あきれたような顔をしながら出迎えてくれた。

「一寸木さん？　今日はさすがに、昼間のうちにお帰りになりましたよ」

「そうですよね、8時にスタートして、9時には箱根から選手たち、出て行くんですもんね。……今までいろいろと、お世話になりました。ありがとうございました」

　会社へ戻ったのは、午前1時すぎだった。

　宴会の後片づけをしていた制作本部のメンバーが、その手を止めて迎え入れてくれた。

「おつかれさま！」

　田中、平谷、鎌田、伊藤たち……。

　竹下は思わず、一人一人と握手を交わした。この狭い部屋で1年間、寝食を共にした仲間たち。たとえ言葉はなくても、互いの気持ちは通じ合っていた。

　最高の仕事だった。こんなプロジェクトに参加することは、もう二度とないかもしれない。でも、何が最高だったのかは、竹下にもよく分からなかった。

　仕事がそうだったのか、選手たちが素晴らしかったのか、「箱根駅伝」そのものがそうだったのか。

第11章　初中継成功の裏で

初中継を終えて

「快挙だ　NTV　生中継」

「スタッフ700人、カメラ60台投入」

往路翌日の1月3日、報知新聞4面に、5段の大見出しが躍った。

「駅伝新時代と呼ぼう。テレビ時代の幕開けといってもいい」

「箱根駅伝はテレビ局最後の〝目玉商品〟といわれたが、いま白日の下にさらされて評価はどんなものだろう」

そして第29回（1953年）と第30回（1954年）に、東京教育大学（現・筑波大学）で1区を走った帖佐寛章（元・順天堂大監督、現・日本陸上競技連盟顧問）のエピソードを紹介している。

「私の現役時代は伴走が認められていた。1区を走ったあと2区の選手の伴走をし、箱根の山中を途中までまた伴走した。伴走に疲れると自転車で伴走した。テレビもないそんな時代のこと。今回生で中継なんて思いもしなかった。地方の人が喜んでいるでしょう」

記事の最後には、久野林道山頂にいたディレクター今村のコメントも紹介されている。

「3日は出番が早いので下山すると間に合わなくなる。2日の出番？　約10分。そのための準備期間ですか？　1年です、1年」

それを受けて記者は、『駅伝とは厳しくつらいものと相場は決まっているようで……』と記事を結んでいる。

大会の主催者であり、報知新聞と同じく日テレと同系列の読売新聞朝刊にも、好感度の高い記事が載った。

「七十年近い伝統の中で、天下の険、箱根の山中に、初めて生中継のテレビカメラが入った。（中略）その山道は日体大・平山の独走となったが、テレビで平地の走りしか見たことのない視聴者に、画面は『もう一つの走りの魅力』を見せつけた。軽やかさ、美しさより、むしろ力強さ。（中略）全国27局ネットは、長距離をめざす関西、九州の若者にも強烈な衝撃となったはず。テレビによって『ハコネ』は新しい時代を迎えたと言えるだろう」

テレビの影響で、沿道観客数は過去最高になったという。

そして発表された平均視聴率は、往路が18・4％、復路が17・7％。特に総合優勝のゆくえが決まる第4部は、21・2％の高視聴率を記録した（ビデオリサーチHPより許諾を得て転載。関東地区）。

それは、放送前に「15％はいきます」と宣言していた坂田のみならず、社内の予想を超えたものだった。大きなトラブルもなく、結果も残した初中継に、それまで「たかが関東のローカル大会じゃないか」「視聴率は取れない」と冷たい目で見ていた人々の態度も変わった。スポンサー企業の反応もよかった。

「当初はあれほど後ろ向きだった雰囲気が、こんなに変わるものか」

制作本部のメンバーは驚いた。

また、「箱根駅伝を全国の大会にした方がいい」と言い出す人も出てきた。

その度に、坂田たちは訴えた。

「そうじゃない、今のまま、あるがままにしておかなくてはいけないんです。我々が変えるべき大会ではないのです」

箱根駅伝の長い歴史や、関わった人たちの深い思いを知れば知るほど、放送する側の都合で変えてしまう事態は避けたかった。

他局の反応

日本テレビによる「箱根駅伝」中継の成功。公共放送のＮＨＫをはじめ、同業他社には衝撃が走った。特に、不可能と言われていた山岳地帯での生中継を技術的に克服してみせたことは、業界でひとしきり話題になった。

元八峯《はっぽう》テレビ（現・フジ・メディア・テクノロジー）専務取締役・増村興《ますむらこう》は、当時フジテレビでは「中継の親分」と呼ばれ、様々な大イベントの中継業務を担当していた。同局は男子の大会である「東京国際マラソン」を中継していたが、話し合いにより、日テレと隔年交代で中継した。

フジテレビに対しても主催者の関東学連から、「箱根駅伝の中継をやらないか」というオファーがあった。現場としては当然「ぜひやりたい」という声が強かったのだが、正月恒例の人気番組の編成の都合や、競技の仕切り、経費の問題といった理由で、上司は断ってしまった。それを聞いて、担当部局では大きな話題になったという。増村は言う。

「中継の基本プランは、ヘリコプターを使った場合と、荒天によりヘリコプターが使えない場合の両状況を想定して計画します。『箱根駅伝』の場合、あの長距離でそれを確実に実現したという総合力が、賞賛に値すると思いますね」

TBSは、箱根駅伝の成功に感化され、元日に別の駅伝を中継することを決心したという。

元スポーツ局長の橋本隆《はしもとたかし》が「日テレが箱根駅伝を取ったらしい」と耳にしたのは、放送前年の10月末のことだった。TBSは特にドラマが好調で、視聴率のトップ争いをしていたが、橋本は、『無名の学生選手ばかり出る、長時間のローカル大会にそんな労力と資金をかけるなんて』『あの箱根の山岳コースを、果たして中継できるのか？』などと思っていた。

しかし放送を見て、橋本は顔色を変えた。「先を越された」という焦りと同時に、「ライバルながら、よくやったじゃないか」という素直な思いも湧いてきた。

正月番組としてよく企画される、人気タレントが総出演するバラエティ番組には、日頃世話になっている芸能プロダクションに対して礼をする、という役割がある。その正月番組の長時間を番組のラインナップを決定する「編成」が駅伝のために割《さ》いたというのは、テレビ業界の常識を根本から覆すことだ。橋本は、その決断をした日テレの編成もすごいと思った。

駅伝の翌日に出社すると、TBSのスポーツ局の誰もが「箱根駅伝、見た⁉」と言っていた。

「駅伝がこんなに面白いものだとは思わなかった」

「うちも急がないと、まずいぞ」

社内でも危機感が高まり、橋本の企画により、群馬で開催されている「ニューイヤー駅伝」こと「全日本実業団対抗駅伝競走大会」を翌年の元日に中継することになるのである。

橋本はこう分析する。

「系列地方局から集まったスタッフは、坂田、田中という素晴らしいプロデューサー、ディレクターを知り、キー局の社員と同じ条件で雑魚寝をし、同じ釜の飯を食い、仕事をしたわけです。それは、他局ではなかなかないことでしょう。その経験が、一体感、団結力を生み、日本テレビグループ全体の力の底上げになったのではないでしょうか。どんな困難な状況でも、団結力を持ってあたるという機動力、チーム力を、あの時期の日テレは培ったと思います」


53年からラジオで中継を先行していたNHKの反応は、どうだったのか。

59年にNHKに入局し、64年の東京オリンピックから12回のオリンピック中継にも携わり、「テレビスポーツ50年」（角川インタラクティブ・メディア刊）などの著書もある杉山茂は、坂田から箱根駅伝の中継決定を聞いたときのことをこう語った。

「テレビマンとしては、『うらやましい！』の一言。あそこまで移動性があって、ダイナミックなテレビの中継は、そうそうあるもんじゃない。ディレクターとして、尊敬、妬みがありました。中継スタッフとして、個人的に加われないか、とさえ思いましたよ」

ラジオですでに30年以上も箱根駅伝を中継していたNHKは、テレビ中継もできるかどうか、天気統計などを取得しながら5年おきに調査を繰り返していた。しかし天候が変わりやすく、道幅が狭く曲がりくねっている箱根の山間部を含み、2日間にわたる長時間の長距離レースを中継・放映するという制作条件は、予算や人手、機材のすべてが整わないと実現できなかった。

杉山は1998年の長野オリンピック放送機構マネージングディレクターなど主要スポーツ大会で国際映像制作の責任者を歴任しているが、「日本テレビによる箱根駅伝の初中継は、20世紀のテレビスポーツ中継で、トップ3に入ると言っていいと思う。競技をそのまま十分見せつつ、ドキュメンタリーと組み合わせた構成も見事でした」と振り返った。

「ラジオで中継していると、箱根駅伝にのめりこんでしまうんですよ。スポーツ中継のディレクターの中では同時多発的に起こる出来事をおもしろいと感じるタイプと、そのピュアなアマチュア精神を尊び、学生スポーツへの愛情を持つタイプに分かれますが、坂田さんは珍しく両方持っていた。それに独特の見識と豊富な経験を持った、当時の業界で実力ナンバーワンの田中ディレクターがうまく組み合わさったからこそ、思いどおりの番組ができたのでしょう」

実際、91年の「世界陸上」は、この二人が中心になって国際映像を流したが、配信先となった各国からの評価は高く、国際陸上競技連盟は史上初めてテレビ局を表彰した。

杉山は国際大会でも短距離から長距離まで陸上競技が世界各国で花形とされているのは、「動物は走る姿が最も美しい。陸上競技は人間が身体一つで勝負するから」とみている。さらにマラソンや駅伝という長距離には、「苦しさに一生懸命に耐え続ける」という日本人が美徳とする姿が映し出される。

特に箱根駅伝は、①箱根の上り下りをコースに組み込んだレース自体の面白さ、②伝統のある「大学スポーツ」で、母校愛や出身高校関係者の郷土愛をくすぐる、③視聴者、観戦者が多い首都圏や東海道を走る大会である、④家族がそろって一緒に見ることができる内容、⑤正月らしく日本オリジナルのスポーツ大会である、⑥若者が必死に走って仲間にタスキをつなぐという一種の悲壮感が、日本人の琴線にふれる、⑦同日に、他局にほとんどない生中継番組である、などが長い人気の理由と説明する。

「今後、箱根駅伝とは関係のない有名人をゲストに呼ぶ、スポーツ本体から離れた仕掛けをするといったバラエティ色を濃くした正月番組の方向に行ってしまうと、どうなるか。最初の番組作りのコンセプトが引き継がれていくならば、『箱根』のよさが失われることはないでしょう」


一方で、箱根駅伝も現代ならではの課題に直面している。少子化で学校は学生集めに苦心しており、大学スポーツも運営の宣伝媒体としての役割を担っているのが気がかりだ。「正月早々、2日連続で学校名が表示され、連呼もされますからね。卒業生からの期待は非常に高く、体育会系のOBも多い。順位だけにこだわる傾向が強すぎると、支持を失いかねません」

学生スポーツはこれまで同じ競技でプロのリーグが台頭すると同時に、すたれ始めていった。「野球しかり、ラグビーしかり。駅伝は学生スポーツの最後の砦《とりで》。学生スポーツの在り方を箱根駅伝が世に問うている、といっても言い過ぎではないと思っています」

それにしても、日テレに先んじること8年前の第55回大会（79年）から「箱根駅伝」番組を作っていたテレビ東京（当時は東京12チャンネル）スポーツ局員らの心境は、複雑だったのではないか。

当時運動部長を務めていた白石剛達《しらいしたけみち》と、部下だった若松明《わかまつあきら》にそう問いかけてみると、二人からは意外な言葉が返ってきた。

「全生中継するとあんなに素晴らしい番組になるのか、と素直に思いました。いや、負け惜しみではなく」

その番組作りはVTRによる放送が主で、最後のゴール部分だけを生中継するというものだったが、最初の年は5・4％だった視聴率も、最後の年は13％を超えるという、正月の目玉番組になりつつあった。

当時のテレビ東京の運動部は、部員が20人ほどで、一人が3～4の競技を担当し、プロデューサーとディレクターを兼ねていた。関東のローカル局なので、全国ネット局である他局に太刀打ちするには、人間関係や企画力が勝負だった。

「各スポーツ団体へ毎日顔を出して、どこよりも早く情報を持ってこい！」

それが、部下から「鬼部長」と呼ばれた白石の口癖だった。当時はまだ、他局はあまりアマチュアスポーツには手を出さない時代だった。そのため、まだプロリーグがなかったサッカーやラグビー、柔道、バドミントン、新体操、アメリカンフットボールなどの試合もテレビ東京は中継している。その甲斐あって、「民放でアマチュアスポーツに一番強いのは、テレビ東京だ」という評判が立っていた。

そんな中、78年に、親しくしていた読売新聞社の事業部長から白石に、次のような依頼があった。

「当社主催の箱根駅伝というのがあるんだけど、ちょっとだけでも、どんな形でもいいから、テレビ中継してくれないかな」

「えっ？　それは、系列局の日テレに頼まなくていいの？　大丈夫？」

「それが、陸上競技はあまり興味がないみたいなんだよ。巨人戦の中継がいっぱいあるし、正月は高校サッカーで忙しいみたいだし」

すでに関東では人気があった「箱根駅伝」を、独占中継できる。テレビ東京にとっては、魅力的な話だった。

しかし当時のテレビ東京には、自社ヘリコプターも、当時でも1台1億円はしたというマイクロ送受信機もなかったため、スタートから10区の途中までは録画編集して放送し、それにつなげてゴール部分だけを生中継する、というアイディアでいくことにした。

「箱根駅伝をテレビで初中継する」と公表した後に、NHKのディレクターからは、驚きの電話がかかってきたという。

しかし、1986年にテレビ東京が放送の契約更改を申し出たところ、「申し訳ないのですが、日テレさんから、ほぼ全区間の生中継をしたい、という申し出があって……」と主催者側に断られてしまった。

当時営業局に移っていた白石はそれを聞いて怒ったが、矛先は日テレではなく、社内の担当者に向けられた。

「読売から頼まれて、苦労して、8年間も中継したのに、なんで簡単に手放すのか。代わりに巨人戦の放映権でも、なんでもらってこなかったのか！」

今でこそ人気番組を数多く擁し、資金力のあるテレビ東京だが、当時は、引き下がざるをえなかった。あとで坂田は、スポーツ局長を伴って、「貴重なコンテンツを譲っていただき、感謝しています」と挨拶に来たという。

白石は言う。

「日テレは、古くて長い歴史を織り交ぜながら、いい番組作りをしていると思っています。でも、私たちにも、あの素晴らしいイベントの中継を最初に手がけたのは自分たちだという、テレビマンとしての誇りはあるけれどね……」

いつまでも「ファンではなくランナー」

「一番記憶に残っている。なんせみんな、ニコニコしながら走っていた」

「はつらつとして初々しかった。最下位だったのに、部員たちがゴールできたのを心から喜んでいた」

最初の中継で、日テレのスタッフたちに強い印象を残した山梨学院大。アンカーを務めたのが、その後人気漫画家となった高橋しん（本名・真）だ。

山梨学院大はその後、毎年出場し、第68回大会（１９９２年）には、６度目の出場にしてついに頂点に立った。

高橋は卒業まで陸上を続けたが、チームの層が年々厚くなり、「箱根」に出るチャンスは二度と巡ってこなかった。

就職活動の時期が来ると高橋は、進学を勧めたときに父が言った言葉を思い出していた。「陸上がだめだったら、自分の好きな道、たとえば絵を描くとか、そういう方向でやり直せばいいんだ」

４年生にして漫画を描き始めた高橋は、卒業してすぐに、大手出版社の小学館で漫画家デビューを果たしている。漫画界では、めったにないサクセスストーリーだ。

「漫画家になりたい」と幼い頃から夢見てはいたものの、寮生活をしていたときには、なかなか漫画を描ける環境ではなかった。その代わりにいつもノートを持ち歩き、寝る前などに、浮かんだアイディアを書き付けたりしていた。

夢を追い求めるため、大学の就職課職員と面談した際に、「漫画家になろうと思っていますので、就職の斡旋は結構です」と断ってしまったという。

に至っている。

デビュー後、高橋は、『いいひと。』『最終兵器彼女』といった大ヒット作を生み、今では社会人になってからは、箱根駅伝を見ることはなくなっていた。見ると、妙に熱くなってしまうのが自分で分かっていたからだろう。

漫画家としてデビューして数年後、報知新聞から「イラストつきの観戦コメント」という「仕事」の依頼が来て初めて、素直にテレビ中継に向かい合うことができた。しかし、その仕事も数年執筆した後、断ってしまった。気持ちが熱くなってしまい、どうしても後輩に対して辛口になってしまう。過去の自分と同じように一からコツコツ練習を積み重ねているはずの後輩に対してそうなってしまうのが、何ともおこがましく、心苦しく感じたのだ。

「今、住んでいるところが神奈川県なんですけど、近くに3つ、『箱根』に出場しそうな大学があるんです。それに山梨学院大学を足して4校を応援すれば、きっとどこかの大学が頑張ってくれるはずなんです。『俺は結構、応援する大学がいっぱいあるぜ』なんて余裕ぶって胸を張ってるんですけど、母校の調子が悪いと、やっぱり『くそっ』ってなるんですよね」高橋は苦笑いする。

当時の自分よりも、はるかに速く走る現役の選手たち。それでもやはり、高橋は、「俺が走りたい」「俺だったらもっと」という気持ちになるという。

「可能性を信じて走るしか選択肢がなかったあの4年間は、かなり濃かったですからね。

ファンではなく、『ランナー』であるという意地。それは多分、一生消え去らないんじゃないかな」

高橋と只隈は、一見異なる道を歩んでいるように見える。しかし、重なっている部分も実はある。高橋が生まれ育った北海道・士別市は現在、陸上競技を中心とした大学や実業団チームの「合宿地」として人気が高い。練習コース上に距離を示す標識を掲げるなど、市を挙げて受け入れ態勢を整えており、大東文化大学も夏合宿を行っている。

そして高橋は、漫画の世界で、陸上競技や駅伝に携わる者の「心」を伝えている。たとえば代表作の『いいひと。』の主人公は、北海道で長距離選手だった、とびきり人のいい青年だ。

『いいひと。』の中で、非常に印象的なセリフがある。

「何キロもの道のりを　精一杯がんばって走ってくる人と、これから同じように精一杯走っていく人がいて、お互いうれしいことも　苦しいことも　口に出すわけじゃないのに、互いにそれを　当然のように信じ、わかっている。未来と過去を　お互いに大切に尊敬しあっている。タスキをつなげる……　特別なことじゃなく　大げさなことでもない。ただそれだけのことに　これだけの想いを　伝えることができるから……」

「たとえビリでも　かっこ悪くても、意地でも最後までタスキを渡した…あれがオレたちの原点だ。」（小学館文庫『いいひと。』18巻より）

高校駅伝を描いた短編『ANCHOR《アンカー》』にも、ランナーにとって「タスキ」が持つ、大切な意味が出てくる。

「アンカーって、ほかの6人の汗の染みた 一番重いタスキを かけて走るんだ。全員の苦しさも想いも しょって耐えてよ。」(『好きになるひと(高橋しん初期短編集完全版)』に収録・小学館刊)

箱根駅伝を実際に走り、タスキをつなぎ切った山梨学院大学の「アンカー」、高橋だからこそ、出てくるセリフだろう。

高橋はその後も、学生駅伝をテーマにした漫画を描き続けている。最新作の『駅伝男子プロジェクト』(小学館)は、まさに箱根駅伝への復活出場を目指す伝統校の選手、速田《はやた》ハヤタが主人公だ。「週刊ビッグコミックスピリッツ」で連載が始まったのが2022年。コロナ下で新作の準備や制作をしていたようで、同年末に発売された単行本第1集のあとがきには、こんなことが書いてある。

「取材もできず、制作もままならず、そんな日々を1年2年と過ごす中で、ゆっくりとたしかにハヤタ君の駅伝が動き出しました。

その間、多くの部活や大会が中止になり、私たちの制作はリモートになり、直接顔をあわせる人も機会も減りました。

こんな時に、人が直接繋がり信じ合わなければ成り立たない『駅伝』をハヤタ君と一緒に改めて見つけていく日々は、私にとって懐かしく苦しく重く、でもたしかに今必要ななにかを探す熱い日々であったと思います。大変でも、この作品を描けていてよかった。

読んでくださる方にも、ほんの少しでもその繋がる想いや気持ちが伝わったら、タスキを交わせたら幸せに思います。

（中略）

取り戻すことができない、たくさんの子供たちの走るはずだった幾つもの大会に、今はこの作品を捧げます。

2022年11月――箱根駅伝まであとひと月あまり、な日に。

高橋しん」

第12章　先駆者からのタスキ

マイクロポイントの確立

初中継はなんとか成功したものの、機材も体制充分でなく、3区・4区と7区・8区を中継しない、という4部構成だった。

また、全チームのゴールも放送することができなかった。

単純に視聴率のことだけを考えれば、シード校が決まった時点で番組を終了した方がいい。勝負がついた時点でチャンネルを変える視聴者は多いからだ。

しかし、「箱根駅伝は、勝ち負けだけの世界ではない」と思う坂田や田中にとっては、全チームがゴールするまでを映す「完全生中継」こそが、番組の完成形だった。

「あれほど必死になって走っているのに、テレビ側の都合で切ってしまうのはどうか」

「作り手の気持ちとしては、最後まで放送したい」

スタートからゴールまで途切れのない放送をすることが、彼らの新たな目標となった。

「ヘリコが飛ばなくても大丈夫なように、マイクロが途切れてしまう『デッドゾーン』をできるだけ減らそう」

技術スタッフは、春から再び新たな「中継ポイント」探しを始めた。久野林道山頂よりさらに山奥の「明星ヶ岳」が、新たなポイントとして加わることになった。

「『湘南』にも、放送センターを作らないといけない」

「東京センター」と「箱根センター」に加え、湘南地区を司る「湘南平《しょうなんだいら》センター」が設立された。これで中継範囲は、平塚市まで延びることになった。

これで技術上は、ヘリコが飛べば、ほぼ完全中継ができるようになった。しかし、移動中継車の負担はあまりにも大きい。その結果、編成上の都合もあり、2年目も30分間ニュースを挟むことになった。


全区間の完全生中継を達成したのは、3年目の第65回大会だ。制作と技術の連名で完全生中継を会社に提案、それが実現した。

放送枠でいえば、初回は7時間50分、第2回は11時間5分。第3回は、12時間40分をかけて、ついに全コースをカバーすることになった。平均視聴率は初めて20%を超えた。

「そんなに早く完全中継できるとは、思ってもみなかった」

企画者である坂田自身が驚く早さだった。

弁当リベンジ

箱根地区の宿や食事はどう改善されたのか。

「初年度で、俺たちは相当傷ついたんですよ」

竹下はそう打ち明ける。大会後の「反省会」では、箱根地区の宿と冷たい弁当に対する改善要望が集中した。そのため坂田は、幹部から大目玉をくらった。

竹下は直前に三原山の噴火取材に駆り出され、しばらく戻ってこられなかった。その状況下でも、最大限の努力はしてみた。しかし、制作本部に1年近くいたせいか、「愛する『箱根駅伝』のためなら、どこでも寝られる。布団で寝られるだけでもありがたい」と、感覚が麻痺していたようだ。

だが、300人のスタッフが、同じように禁欲的で我慢強いわけではない。スタッフの士気にも影響する。すぐに、翌年の改善命令が下された。

「なんとかして、温かい食べ物を出せないか」

竹下と平谷は、他の冬季ロードレースでも歓迎される食事を出すために研究を重ねた。出前の導入を真剣に検討したが、マイクロポイントやカメラの設置場所は、ビルやマンションの屋上、山頂が多い。届けるだけで至難の業だし、届けるうちにすっかり冷たくなってしまう。

「じゃあ、加熱できないかな」

平谷が提案した。

「ほら、紙の缶にピンを突き刺すと熱燗ができるっていう、日本酒みたいに」

竹下は加熱機能付き容器の考案者に会いにいったり、弁当会社にアイディアを提案したりするなど試行錯誤を繰り返し、2年の月日を経て、ついに「温まる弁当」を完成させた。外側に出ているひもを引っ張ると、箱内に組み込まれている石灰と水とが反応し、加熱するという仕組みだ。

そして3年目の大会（第65回、１９８９年）には、晴れて「温まる弁当」がスタッフに配給されることになった。しかし、前年日テレの社員になり、報道局に配属された竹下は、箱根駅伝に関われなくなっていた。88年末に昭和天皇の容態が悪化。日テレも特別取材チームを編成、竹下はそこに組み込まれていたのだ。

89年の正月。皇居周辺に止めた中継車の中で、竹下は「温まる弁当」を口にしていた。

「第65回東京箱根間往復大学駅伝競走が今、スタートしました！」

中継車のモニター画面では、１区の走者が一斉に走り出している。

『ああ、また始まった。なのに俺は、こんなスタート地点近くで、何をしてるんだろう』

「箱根」の中継には3年以上も情熱を注ぎこんできた。でも、今年からは「蚊帳の外」だ。

『みんな、この「温まる弁当」を喜んで食べてくれてるかなあ』

箱根駅伝と関わらなければ、年末年始、もっと心穏やかに過ごせたのに。

なんだか涙が出てきそうで、竹下は疾走する選手たちの姿から目をそらした。

見えてきたもの

初中継では、「絵」と「音」をつなぐだけで精一杯で、番組作りに余裕がなかった。しかし、何かが足りない。どこかが違う。

「どこの大学が何分差で勝った」といった競技結果を伝えるだけでは、「箱根駅伝」を伝えきれていないのではないか。そんな思いが制作本部の面々には残った。

「過去に走った人の箱根に対する思い、その瞬間に走っている選手の思い、走れなかった選手の思い……。それぞれの珠玉の思いや人生が、東海道・箱根路に重なっている。そういう歴史や背景もすべて含めて表現できないと、俺たちは箱根を放送する資格がないんじゃないか。絵と音をつなぐだけではなく」

何を伝えなければならないのか。田中には、目指すべき番組のコンセプトがより明確に見えてきた。

中継所でのタスキリレーは、必ず全部中継する。そして、これから走る選手より、走り終わった選手に、より焦点を当てよう。

「出場15校各10人、走れなかった選手を入れれば、150人分プラスアルファのかけがえのない宝物や、とんでもない挫折、150人分のドラマがそこにある。それをとにかく丁寧に、丁寧に、丹念にすくい上げて放送しよう。個々の選手の取材を通じて、その

『人』を出すということに、こだわろう。選手を紹介するときには、大学名だけでなく、必ず選手名を言おう」

風邪で熱を出し、大会の前日に出場を取り消された選手がいた。田舎では彼が「箱根」を走るということで、親戚一同が盛り上がっているという。

「もう田舎には帰れません。嘘をついたと思われるかもしれない……」

打ちひしがれている彼を取材したスタッフは、そのことを田中に伝えた。

「だったら、彼が『風邪のせいで交代になった』ということを、番組で伝えるようにしよう。それで少しでも彼の気持ちが楽になればいい。当日の朝、交替になった理由を取材して、入れられる限り、入れるようにしよう」

そんな田中の思いは、周囲のスタッフに伝わっていった。

もし陸上競技出身のディレクターが演出をやったら、ここまでウエットにはならなかったかもしれない。ランナーに対して「客観的」に見る目がもう少し強く出たかもしれない。

あるとき田中は、他局の人にこう言われたという。

「うちの局だったら、あんな泣ける感じにならないなあ」

沿道からの応援「好楽荘《こうらく》」の女将《おかみ》

鎌田に話を聞き、田中や竹下がどうしても紹介したくなった人物がいた。

5区・6区を走る中央大学と専修大学の選手が、どんなに苦しみながら走っていても、必ず手を挙げて挨拶するといわれる場所がある。箱根町宮ノ下、国道1号線沿いにたたずむ民宿「好楽荘」だ。

両大学にとって、ここは特別な場所だという。「聖地」といってもいいのかもしれない。箱根駅伝の大会中や夏合宿時の定宿だっただけでなく、戦前から両校を受け入れてきた初代の曽我《そが》モトとその娘・益子《ますこ》という二人の女将が、両大の選手たちを自分の息子のように可愛がってきたからだ。

明治の女モトには4人の息子がいたが、そのうち3人を、中学生になる前に病気で失っていた。だからこそ元気に走り続ける男子学生に、「もしあの子たちが成長していたら」という思いを重ねていたのだろう。

大会中モトは、宿の前や周辺へ繰り出しては、自分が面倒をみている選手たちを応援した。中央大の選手には、スクールカラーである「赤」の腰巻に、頭文字の「C」を墨で書き込んだもの、専修大には、頭文字「S」を書き込んだ緑色の布を力の限り振り続け、厳しい山道でへばりそうな選手を発奮させた。

その血は、娘の益子にも受け継がれた。益子は主に、1951年にできた別館を切り盛りし、二代目女将となった。しかし、夫は戦争で死亡。身ごもった子は、父親の顔を見ることができなかった。モトよろしく「駅伝おばさん」と呼ばれた益子は、宿泊客の布団やお膳の上げ下げを手伝うという条件で、宿泊料を取ることなく数人の選手たちを夏合宿させた。

お金がない学生のためにスーツを仕立て、就職の斡旋までしてやった。美人で豪快だった益子を、選手たちは「聖母」のように慕い、尊敬していたという。

大会では、宿前の道で我が子同然の選手を待ち、名前を叫びながら腰巻を振り、ついていける限り、選手に「伴走」をした。

中継2年目に竹下は、そんな気丈な女将を全国に紹介しようと決めた。当時、益子は69歳。さすがにもう赤い腰巻は振れなくなっていた。それでも、女将の存在感は抜群だった。

竹下は、「宮ノ下」担当のディレクターにこう説明した。

「鎌田の話によると、好楽荘の女将さんは宿の前の細い坂からコースまで下りてきて、世話をした選手たちが来ると一生懸命応援するんだって。すごい急坂を選手と一緒に、走れるだけ走るらしい。選手たちは、『駅伝おばさん』と呼んで慕っているんだって」

「へえ。その場面は絶対、撮りたいですね」

翌年の「今昔物語」に入れるために、ディレクターは、「女将さんカメラ」という専用カメラを準備しておいた。レースが始まると、まさしく女将が坂を下り、コース沿いへ出てくる。

「よし、追うぞ！」

しかし高齢の女将は、大学生ランナーにはとてもついていけず、すぐ離されてしまう。それでも必死に走りながら、どんどん小さくなっていく選手の背中に向かって、声をかけ続けた。

駅伝と選手たちを愛した女将の後姿は、素晴らしい映像になった。

しかし、第64回（1988年）の大会後、ほどなくしてその名物女将はこの世を去った。

そして、翌年の正月。宮ノ下の好楽荘前には女将の娘が立っていた。手に益子の遺影を持って。

蛇骨川沿いの別館はその後、集合住宅となった。

本館は一日1組限定の静かな宿となり、選手たちが泊まることはなくなった。しかし、女将に育てられた両校のOBたちは、今でも「好楽荘詣で」をするという。

先駆者からのタスキ

田中は、総合ディレクターとして最後の回となった第66回大会（1990年）の「駅伝放送手形」に、こう記した。後を継ぐ後輩たちへの「メッセージ」だ。

　プロローグは終わった

ただ必死だった初の生中継、
よりハードに闘った2回目、
そして　ようやく欲求不満が生まれた3回目の完全生中継、
プロローグは終わった。
本当の闘いはこれからだ。

箱根を走りたいと願って全国から集まってくる選手たち。
箱根を走ることだけを夢見て1年間練習を重ねる。
だが、

参加できるのは15校、
走れるのは1校わずか10人。
走れた者の本懐と走れなかった者の無念は
今大会にとどまらず、
70年の時の流れに脈々と打ち続けている。
150人の選ばれたランナーは、
自身と仲間と先輩の想いをタスキにこめる。
継《つな》ぐタスキは誰にも重い。

それが表現できなければこの大会を放送する資格がないと
自らに問いたい。
ランナーを見すえるカメラフレームの向こうに、
走れなかった仲間の嚙みしめた唇が映し出される時、
ランナーの息づかいを拾うガンマイクの向こうに、
70年の呼吸が聞こえる時、
私たちの放送もまた、箱根駅伝を遂げることができるだろう。
I MUST GO、私たちは闘いをやめない。

第１００回記念大会の中継を終えて

１９２０年（大正９年）にわずか4校で「四大校対抗駅伝競走」の名称でスタートした箱根駅伝は、太平洋戦争などでの一時中断をはさみ、２０２４年に第１００回の節目を迎えた。

記念大会とあって第１００回大会に限り、前年10月の予選会に全国の大学が参加できるようにし、例年より３校分を増枠。しかし結果的には、本大会に出られる上位13位までに、関東以外の大学が入ることはできなかった。

駒澤大学は、第99回大会に歴代５校目となる大学駅伝３冠を達成。一時代を築いた大八木弘明が23年度から総監督となり、愛弟子で元マラソン日本記録保持者でもある藤田敦史が後任となっていた。

フレッシュな新監督の下でも、前哨戦となる23年10月の出雲駅伝、11月の全日本大学駅伝を連勝。58年連続58回目の出場となる記念大会に向け、２年連続の「大学駅伝３冠」に王手をかけていた。

そんな中、12月11日に有力校の監督が東京都内の会場に集まって、ファンの前でけん制しあいつつ、お互いの手の内を探りあう「箱根駅伝トークバトル」が開かれた。

22年度から山梨学院大陸上競技部の顧問となり、関東学連の駅伝対策委員長でもある上田誠仁がコーディネーター役を務め、まずは監督の立場、存在について「オーケストラの作曲家でもあり、調律師でもあり、指揮者でもある。いろいろな楽器のような個性ある選手たちを調律したり、リズムをとったりして、一つの芸術を作り上げる役目を担っている」と表現した。

続いて、駒澤大学の藤田監督は新監督ながら大本命として本番を迎える心境を聞かれ、「100回目の節目の大会で走れる喜びを感じている。全力で取りに行き、3冠をもう一度達成したい」と述べた。

駒澤のライバル一番手は、全日本2位で、2020年から交互に箱根の優勝を分け合ってきた青山学院大学。就任20年目の原晋監督は「歴史的な大会に参加できて光栄。駒澤1強のままにはさせない」と意地を見せ、恒例の作戦名を「負けてたまるか大作戦」と茶目っ気たっぷりに披露した。

日本テレビでは記念大会を約1000人態勢で迎えようとしていた。しかし大会前日、1月1日の夕方4時10分に最大震度7の揺れを観測した能登半島地震が発生。大津波警報も発令され、暗雲が垂れ込めた。

元日のうちに大会はそのまま開催見込みとなったが、現地では余震が続いており、被害の全体像もまだはっきりしていなかった。

2日は箱根駅伝中継をはずして、能登半島地震を報じる報道特番に差し替えられるのか。特番にならないとしても、臨時ニュースや関連情報のテロップなどはどのくらい挿入されるのか。津波警報や注意報が出ていても、平塚中継所など、海に近い中継ポイントで中継して大丈夫なのか。

多くのことが見通せないまま、翌朝のスタートに向けた準備を進めないといけなかった。

そして2台が入れ替わりで飛ぶはずだったヘリコプターは1台が被災地取材に向かうため、残り1台のみに。松岡祐樹《まつおかゆうき》総合ディレクターは岡田直紀《おかだなおき》総合テクニカルディレクター、川合亮《かわいりよう》テクニカルマネジャーらと相談し、急いで地震による様々な状況に対応した放送プランを作り直した。

津波警報は注意報に変わり、記念大会の中継はそのまま行うことが午前7時頃に決まった。スタートしたら地震関連のテロップを画面に常時出さなくてもよいことになったが、アラート音が鳴る緊急地震速報が出てくる可能性があったため、混乱を招かないよう区間新記録が出た際の〝ピコンピコン〟という音を出さないようにした。

まさに緊急事態だったが、関わったスタッフはみんな、必死に平常心で臨んだ。首位やシード権争いはもちろんきっちりおさえ、各校のタスキリレーも例年通りにしっかり収めた。

そして選手たちが大手町から勢いよく走りだすと、沿道には鈴なりの人々が待っていた。コロナ禍での自粛を終え、大勢の人々が笑顔で手を振ったり、熱い声援を送ったり。

2日間のレースが終わってみると、下馬評が高かった駒大は2位。「負けてたまるか大作戦」が当たったのか、青山学院大が2年ぶり7回目の優勝を飾った。

松岡は振り返る。

「中継が決まるまではヒヤヒヤ、モヤモヤでしたが、あらゆる事態を想定し、どうなっても100点に近い形で対応できるように準備していました」

いざとなったら、コロナ禍で大会ができない場合のために備えていた歴代大会のダイジェスト番組も流せるように調整を進めていたという。

第100回という、大きな、大きな節目の中継をリードできて、どう思ったのか。

「歴史を重ねた箱根駅伝そのものに対する偉大さを感じるし、さらにその記念大会中継に参加できたことは幸せ以外のなにものでもありません。沿道で応援してくれる大勢の人々の姿に、心も躍りました」

「一方で、」と松岡。「『第100回大会だから』と力むのではなく、我々にとっては38回目の中継。初中継から我々の考え方は変わっていません。99回大会までと同様に学生スポーツとして、純粋に選手の頑張りを1秒でも長く、多く伝えたい。23校、230人全員が主役なのです。それぞれのドラマがあるから、アナウンサーも全員の名前を少なくとも1回は実況しています」

「それでも正直、伝えきれていないと思っている。タスキリレーも走っている勇姿も、もっと映してあげたい、時間がもっとほしいくらいですよ」

先駆者からのタスキは今も、ちゃんとつながっている。

特別対談　『箱根駅伝』を走ったすべてのランナーへ、愛をこめて

初代チーフプロデューサー坂田信久×初代総合ディレクター田中晃

田中　第100回の箱根駅伝が無事に終わりましたね。2024年1月2日の当日、坂田さんは、どこでスタートをご覧になっていたのですか？

坂田　中継の現場をはずれてからは、東京・大手町のスタート地点で見ています。8時のスタートの30分ぐらい前から1区の選手たちがウォーミングアップで走り出して、15分前からコール、そしてスタートと、刻々と空気が変わっていく。その雰囲気がとても好きなんです。自分自身にとっても、スターターの号砲を聞いて新年を迎える感じです。

田中　スタートを現地で見るためには、相当早く家を出ないとダメですよね？

坂田　始発の電車で行っても、最前列はとれないんですよ。沿道での応援が解禁される今年はさらに混むだろうな、と思って、親族に車で送ってもらったんです。朝の4時半には、大手町についていました。スタートを見届けたあとは、地下鉄・バスに乗って、家に帰ってテレビで観戦をしました。

田中　私は、日本テレビを退社してから、箱根の山の中で見たり、沿道で見たりしたこともありましたが、ここ10年くらいは、テレビの前ですね。アナウンサーのコメント一

つをとっても、どれだけのスタッフが取材をして、この言葉になったんだろう、と胸が熱くなります。映像を見ても、カメラマンやディレクター、マイクマンがいて……。いろんな人の思いが詰まっている。一言も聞き逃すまい、ワンカットも見逃したくないという思いで、テレビの前にいるんです。箱根駅伝も好きですが、それ以上に、「箱根駅伝中継」が好きなんですよ。

　私と坂田さんが初めて完全中継をしたのも、ずいぶんと昔のことになりましたね。

坂田　昭和62年、第63回大会でした。40年近くたったんだねぇ。自分の人生の半分くらいと考えると、驚きますね。

田中　「第100回」ということを考えたときに、必ず思い出すのは、第90回大会ぐらいのときに坂田さんが「100回大会は、金栗四三《かなくりしそう》が第1回大会で掲げた目標、アメリカ大陸横断をやってほしい」と語ったことです。そういう夢をもっている坂田さんはすごいと思ったんです。

坂田　先人のロマンを、今の選手たちがアメリカ大陸横断を成し遂げるドキュメンタリー番組として放送しても面白いだろうな、と思ってね。ただ現実には、今のテレビ局で働く人たちの多忙さを考えると難しいでしょうね。

箱根駅伝の歴史を伝える

田中　箱根駅伝中継の初回から、ずっと放送し続けているのが「箱根駅伝今昔物語」です。坂田さんの「箱根駅伝中継は、その歴史も同時に放送しなければ意味がない」という思いが今につながっています。

坂田　僕たちが箱根駅伝の中継を始めた頃は、どこのテレビ局の技術をもってしてもフルカバーでの生中継は不可能な時代でした。技術スタッフは「放送ができない箇所というリスクがあるなら、引き受けることができない」というスタンスです。それは当然のことなので、中継を始めるにあたっては、リスクをカバーする提案が必要でした。そこで、同期だった技術の大西一孝君に相談したんです。コース地図を広げて、技術側が絶対に中継ができない、または不安なところを、赤色で印をつけてもらって、その部分を、僕たちが演出で埋めよう、と考えていました。

田中　それが、「今昔物語」につながったんですよね。

坂田　ところが、赤印が想像以上に多くて手持ちの素材では足りなかったものですから、放送作家の鎌田みわ子さんに依頼して、元選手・関係者たちに話を聞いてきてもらいました。鎌田さんが毎日夕方に局に戻ってきて、伝えてくれる話を聞いているうちに、さきほどの考えが固まったんです。箱根駅伝を伝えるには、レースの結果だけではなくて、これまでの歴史や、携わった人々の思いをあますことなく放送しなくてはいけないんです。

田中 私もそう思います。そのうえで、箱根駅伝の本質は、個人のドラマにあると思っています。そのドラマが大正9年から続いて、今、100回を超えた。走ったランナーのすべてにドラマがあって、その純粋な積み重ねに視聴者は心を打たれる。箱根の歴史すべてが、中継のフィロソフィーとなっているんです。

坂田 そのことをみんなと共有するのは大変なことでしたよね。当時でもスタッフが650人くらいいたでしょうか。一人一人と直接話すのはさすがに無理でしたから、スタッフに配るマニュアルを作成しました。箱根の関所にちなんで、「放送手形」と名付けてね。鎌田さんに、裏表紙に箱根駅伝の歴史を伝えるエピソードを書いてもらいました。

田中 今も続く伝統です。私も当初、箱根駅伝を生中継するのであれば、レースを過不足なく伝えたい。復路になった時に、タイム差ではなく、実際の順位や変動が視聴者にきちんと伝わることを一番大切にしたいと思っていた。完璧なスポーツ中継を実現するために、画と画をつなぐだけでも大変で精一杯でしたから。

坂田 田中君は、完璧な中継を成し遂げた先にある「箱根駅伝のドラマ性」にはまっていったんだよね。そのドラマ性って何かと言うと、個人にとっての特別なもの、ということだと思うんです。かつて箱根駅伝を走った人に、話を聞きにいくと、みなさん、当時を思い出しながら涙ぐむ瞬間があるんです。僕は中学・高校・大学と長らくサッカーをしてきましたが、思い出して泣くことはない。だから驚いたんですよ。箱根駅伝というのは、特別なんでしょうね。

「振り向く気持ちがあることが嬉しかった」

田中　ただ、ドラマ性って難しいんです。感動を視聴者に押しつけるように作るものではない。
私にとって忘れられないシーンはいくつもあります。ある大学のエースが熱を出して体調不良となって、当日にエントリー変更となるという情報が入ったので、「カメラを出すから、彼を取材してほしい」と指示を出したんです。すると、スタッフの一人が私のところに来て、「走れなくなった選手にしてみたら、死にたくなるくらいの思いのはずです。それを取材して、テレビで映すんですか！」と、涙ながらに訴えたんです。箱根を走る彼らはプロランナーではなくアマチュアの選手です。カメラを出すことをやめて、ランナーの付き添いをすることになった彼の姿を生で映し、アナウンサーがコメントを付ける、という形にしました。箱根での活躍が一生の宝物になることもあれば、出場できなくなったり、ブレーキになってしまった選手にとって、心の傷になる可能性もある。常に学びがあります。
坂田　「今昔物語」の取材をしていたときに、ブレーキになった選手に電話をしたら、「思い出したくない」と、ガチャンと電話を切られたこともありましたね。

田中 箱根が何らかの挫折になっている方たちに対して、「日本テレビがどういうスタンスで中継をしているか」を理解してもらうためにも、私たちは常に葛藤しながら取り組まなきゃいけない。ガチャンと電話を切られてから、たしか5年後に取材をさせてもらえたんですよね。

坂田 テレビの中継としては「ブレーキ」という悲劇は、視聴者の感情に届きやすい、という考えもあると思います。だけど、チーフディレクターには「これでいいのか」と、葛藤する姿勢でいてほしいと願っています。

田中君もあったよね。ブレーキになった選手の映像を映していて、「このまま見せ続けていいんですか」って、後ろを振り向いて私を見たことが。私は自身の中では整理ができてるから、「そのままで」と指示をしたけれども、たしか中継が終わってから言ったんだよね。「振り向く気持ちがあることが嬉しかった」ってね。

第100回大会と能登半島地震

田中 2024年の第100回大会は、元旦に能登半島地震が起きたことで、現在進行形の災害報道と箱根駅伝の中継が重なるという特別なものになったと思います。聞いたところでは、ぎりぎりまで様々なケースを想定して議論をしていたようでした。「災害

とスポンサーを成立させるために中継を成立させるためにスポンサー

を伝える」という「報道」の使命がある。一方で、中継を成立させるためにスポンサーとビジネスをしている「営業」の立場もある。テレビ局内の編成という部署が最終的な判断を下したんですが、私はとてもいい中継だったと思っています。

坂田　僕もそう思います。なにかあったら、これ以上、災害の被害がひどくならないように、と祈りながら見ていました。なにかあったら、駅伝中継は切り上げて災害を報道する。それは当たり前のことで、生中継というのはそういうことに対応できる一面もありますからね。

田中　今年ご覧になっていてどう感じましたか？

坂田　第100回大会は、復路で8位以下の16チームが一斉スタートすることになりましたよね。つまりシード権争いがとても複雑になり、例年になく多くのチームの多くの選手が画面に出てきました。それでもスタッフたちが、各チームのそれぞれの選手をよく取材して、いい話をたくさん仕入れていましたね。

田中　さきほども言いましたが、私は、個人のドラマをどう伝えられるか、に注目して見ていました。「仲間たちの汗が染みついたこのたすきを」なんて、誰が走っていても言えるセリフを絶対に言っちゃダメなんです。その選手が卒業後、どこに就職します、だけでもいい。

もう一つ言えば、ふるさとで見ているランナーのご家族のことを考えれば、活躍をちゃんと伝えなきゃいけない。長いコメントだと使えないことが多いから、3秒で選手のことを伝えるフレーズを用意しておくといいんですよね。こんなことばっかり考えて中継を見ているから、終わったらぐったりですよ（笑）。

テレビマンの本音と感謝の思い

田中　今日は『箱根駅伝を伝える　テレビ初の挑戦』（『「箱根駅伝」不可能に挑んだ男たち』を改題）が文庫化される、ということで、坂田さんと対談をさせていただいているんですが、一言感謝の気持ちを伝えさせていただきたいんです。文庫版のもとになった単行本ができたときに、日本テレビの営業のスタッフは、箱根駅伝に携わってくれた企業にも、そうでない企業にも、「ぜひこれを読んでください」と配ってまわったというんです。日本テレビの社員としての誇りを共有できた本なんです。テレビ局で働く私たちは、「画面で表現することがすべて」と思っているから、普段は中継について多くを語らないんですが、実は「舞台裏のことも分かってほしい」って気持ちもあるんですよね。

坂田　大変なことも多いからね（笑）。

田中　振り返って思うのは、最初の生中継からここまで、ランナー個人のドラマをいかに拾い上げるか。その想いが継続されていることが嬉しい、ということです。そして、箱根駅伝という大会が持っている歴史、魅力を改めて感じています。

坂田　今から思うと、あの時代によくやれたなと。最初の中継は出来なかったこと、拙いところもあったけれど、後輩がどんどん進歩させてきてくれました。ありがたいですね。

毎年ね、本番前に日本テレビの制作本部に、お菓子を持って陣中見舞いにいくんです。迷惑に思われてるかもしれないけれど(笑)。「今年もこんな中継にするんです」とスタッフに聞いて、そのうえで中継を見るのがとても楽しくてね。そのときに箱根駅伝中継のポスターを1枚もらってきて、家の玄関に貼っているんですよ。

２０２４年1月12日　文藝春秋にて。

司会構成・原島由美子

（左）田中晃・（右）坂田信久
（撮影・石川啓次）

あとがき

新聞記者時代に、「学生3大駅伝」を取材したことはありました。しかしフリーになってから、箱根駅伝に関する話を書くことになるとは思ってもいませんでした。しかも話の中心となる1987年、私は米国留学中、当然、その年の箱根駅伝は見ていません。しかし、編集者の河野恵子さんから「箱根駅伝のテレビ中継の土台を築いた人たちの話を書きませんか」と打診がありました。

今回の企画はテレビマンの話が中心。私の知らない世界でした。「超有名な大会にまつわる未知の世界を知り、伝えるのはおもしろそう」と思い、執筆を引き受けたのです。「未知の世界」を蘇らせるためには、やはり現場を踏み、当時を知る関係者に会わねば始まりません。約8か月間で箱根—東京間を2往復し、北海道士別市にも取材に行きました。

そしてテレビマン、監督、選手ら関係者40人超の話を聞きこみ、20年前にさかのぼった各人の記憶を精査。当時の中継番組や裏舞台のビデオはもちろん、箱根駅伝の過去の大会を振り返るDVD、年鑑などをいくつも見て、「証言」と事実が一致するかどうかを確認しました。気分はまるで、時効が迫りつつある大事件を一から洗い直す刑事のようでした。

「時系列ですべての過程を把握しないと、混乱しかねない……」

取材がひと段落し、いよいよ執筆にとりかかる段階で、まずは年表作りをし、「登場人物」の談話やエピソードをまとめました。

しかし、複数年にわたって中継に関わった方の記憶は、甘くなるもの。一つの出来事なのに、人によっては「申請」時期が異なり、「うーん。これとこれは同じ出来事なのか、それとも別の出来事なのか」と悩んだことも少なくありませんでした。

それでも、いろいろな方のお話を、当時の写真、地図などと照らしあわせつつ、箱根の山へも足を踏み入れるうち、流れが見えてきました。昭和末期の活気あふれた現場が、デジャ・ヴのように、目に浮かぶようになってきたのです。

それは、制作本部メンバーを中心に、中継に関わったスタッフ、箱根町、大会に参加した方々が、当時の出来事を熱く、鮮やかに語って下さったおかげです。坂田信久さんには箱根―東京間の全コースを車で案内していただきましたし、田中晃さんには業務内容や中継体制などを、分かりやすく教えていただきました。また、箱根町の一寸木富雄さんは、地図上ではわからなかった久野林道山頂への入り口を発見してくださいました。

また、ライバル局の番組に対する印象を嫌がらずに語って下さった各局の方々。大東文化大学の青葉昌幸部長と只隈伸也監督、順天堂大学の澤木啓祐前監督、山梨学院大学の上田誠仁監督、そして同大OBで漫画家の高橋しんさん、高橋さんのご両親……。

汗と涙と笑いがいっぱい詰まった貴重なエピソードの数々を、惜しげもなく伝えて下さった皆様、そしてその出会いをサポートして下さった日本テレビ広報部の皆様に、心から感謝いたします。

インタビューは毎回、驚きと感動に満ちていました。

「もしかして現実より、かなりオーバーに表現していませんか……?」と思ったり、「そんな『ユートピアだった時代』へタイム・トリップし、カリスマたちと働いてみたいな」と思ったりするほど、皆さんはエネルギッシュで話上手でした。私は、取材ノートを見返しながら、一人で笑い出したり、しんみりしたり……。

その一方で正直、「そんなにテレビ局の世界って、綺麗なの?」と思うこともありました。批判精神、独立心、競争心が旺盛な新聞業界を長く経験した後だと、「皆が『幸せ』と言う理想郷」がぴんとこなかったのです。

けれども、誰に、いつ、どのように聞いても、「基本」はぶれませんでした。

「口論はあっても、足の引っ張り合いはなかったよ。『スポーツ中継』は、一人の力じゃ絶対にできないからね」

「あの時代、あのメンバー、あの仕事は最高だった!」

「そういう時代だったんですよ」

今年のチーフ・プロデューサーを務めた今村司さんは、こうも言っていました。

「箱根駅伝中継を見て、『汚れちまった俺も、昔はこんな純粋でひたむきだったな』と、魂を浄化、心新たにする時間になればいいと思うんです」

今回の取材は、人間不信気味だった自分にとっても、魂を浄化するいい機会だったのかもしれません。


担当の河野さんとは、メールや電話の熱いやりとりを何度交わしたことでしょう。例えば私が締切りに追われながら往路の終盤部分を書いている最中、急に体調を崩したときのメールはこうでした。

「河野さん、『山登り』がきついです。お腹を壊し、まさしくブレーキ状態。脱水症状を起こし、棄権する選手の気持ちが少しはわかりました」

「単なる緊張でしょう！　しっかり！　頑張って、タスキをつないで！」

「とりあえず前へ進みます！　合言葉は〝WE MUST GO！〟」

時には姉のように優しく、時には上級生（実際、大学の先輩でもある）のように厳しく、叱咤激励し続けてくれました。

そして、たった2人の「新設チーム」を、家族、友人、関係者の皆さんが、様々な形で応援し、支えて下さったことで、最後まで「タスキ」はつながったのです。

「本の製作はチームワーク、根性、健康なくしてゴールは迎えられない、まさしく駅伝のようなもの」と痛感しました。本当に、感謝の念に堪えません。

そういえば、竹下さんが取材時に、切ない表情で訴えていらっしゃいましたっけ。

「箱根駅伝はいろんな人たちのいろんな思いが詰まっているから、深く関わると、どうしても心穏やかに正月を過ごせず、つらくなっちゃうんです。あなたたちも、ひょっとすると、『こんなに取材、しなければよかった』って、後で思うようになるかもしれませんよ……」

来年のお正月。箱根駅伝が行われる2日、3日を、私はどこで、どんな気分で迎えているのでしょう。今から楽しみであり、ちょっと不安でもあります。

２００７年12月

文庫版あとがき

昨春、自転車で走行中に横転。皮膚下の白い脂肪が帯状に露呈するほど左足膝を切り、七針縫いました。大けがとは無縁の人生だったのですが、歩くこともままならなくなり、人生初の松葉杖を手放せませんでした。

約二か月後に自力で歩けるようになり、「もう二度と松葉杖を使うことはない」と信じていました。なのに……。

昨夏の終わり、今度は右足首を重い扉に挟まれ、まさかの「松葉杖リピーター」に。いずれの時も、元通りに歩けるのか、走れるようになるのか。とても不安でした。それまで当たり前だった「歩くこと」、「走ること」が、個人的に特別な意味を持った体験でした。

1920年から続く箱根駅伝は、大正時代は関東大震災にも負けず、昭和では戦争で二度の中断をはさみながらも、大会は続いてきました。日本の歴史と大学や選手間の競争、関係する全員の悲喜こもごものドラマを織り交ぜ、「特別な1回」を積み重ね、今年で100回目を迎えました。

正月の冷気を全身に受けつつ、大学生200人以上が都心部―海沿い―山間部、のべ

２００キロ超の道を疾走し、母校のタスキをつないでいく。
いつでも、どこの国でもできることではありません。

コロナ禍のさまざまな「自粛」がようやく明け、ゆったりとした時間が流れる1月2、3日に、テレビを通して、または沿道で箱根駅伝を堂々と観戦し、思いっきり応援する。国民的なスポーツが大きな節目に、「久々に元の形で戻ってきた」という安心感、喜びが身に染みました。

縁の下の力持ちとなっていた大会関係者の方々の尽力をはじめ、中継してきた歴代のテレビクルーが「箱根駅伝を変えてはいけない」というフィロソフィーを長く、広く共有してきた結果ではないでしょうか。

元々、私が単行本『「箱根駅伝」不可能に挑んだ男たち』を執筆したのが２００７年。当時の担当編集者であった河野恵子さんが企画を考え、共通の知人を通して執筆のお声がけをいただきました。

そして今回も、河野さんを通じて文藝春秋から文庫化、電子書籍化のお話をいただきました。担当編集者の山田陵平さんは入社1年目とは思えない落ち着きがあり、てきぱきと効率よく進め、でも柔らかなリードで完成まで導いてくださいました。実は河野さん、山田さんとは同じ大学の出身。「縁」という不思議なタスキをつないでいる気がしています。

最後に、私が足を連続で怪我したときも、本業に加えて今回の文庫化に向けて新たな取材や編集作業でへとへとになっているときも、辛抱強く、明るく支えてくれた家族に助けられました。

一緒に中継を見ているうちに、すっかり箱根駅伝ファンとなり、確認作業や撮影を兼ねた箱根への旅にも楽しくつきあってくれた二人。心からの感謝と愛を伝えたいです。

これからも毎年、箱根駅伝を見てワクワク、ドキドキ、そしてウルウルしましょうね。

ありがとう。

２０２４年３月

謝辞

2007年当時、単行本の作成にあたっては、たくさんの方々のご協力をいただきました。この方々のご協力・資料のご提供なしには、とても「完走」はできませんでした。

箱根駅伝中継に挑んだ方々

坂田信久さん　田中晃さん　大西一孝さん　山中隆吉さん　平谷修三さん　竹下洋さん
鎌田みわ子さん　伊藤和美さん　梅垣進さん　大森達雄さん　小川光明さん
芦沢俊美さん　加藤明美さん　丸山公夫さん　水島光一さん　今村司さん
矢沢直樹さん　中村洋一さん　菊池剛太さん　福王寺貴之さん　牛山雅博さん

箱根駅伝を走った方々、そのご家族

青葉昌幸さん　澤木啓祐さん　上田誠仁さん　只隈伸也さん　高橋しんさん
大東文化大学・佐々木悟さん　久保謙志さん　佐藤匠さん
高橋眞純さん　高橋悦子さん

箱根町の方々
一寸木富雄さん　森本昌憲さん　山足徹さん　曽我眞さん　曽我安江さん

他局の方々
白石剛達さん　若松明さん　橋本隆さん　増村興さん　杉山茂さん
渡邊信治さん　根本俊太郎さん

取材のセッティング
日本テレビ・木村優子さん　澤口志麻さん

また今回、文庫化・電子書籍化にあたっては右の方々に加え、以下の方々にもお世話になりました。

日本テレビ・椿亮輔さん　松岡祐樹さん　山本聡一さん　川合亮さん　岡田直紀さん
箱根ホテル小涌園・阪本清嗣さん　小森俊平さん
単行本の編集者だった河野恵子さん
皆様どうもありがとうございました！

原島由美子

文春文庫

箱《はこ》根《ね》駅伝《えきでん》を伝《つた》える
テレビ初《はつ》の挑戦《ちょうせん》

定価はカバーに
表示してあります

2024年5月10日　第1刷

著　者　原島《はらしま》由《ゆ》美《み》子《こ》
発行者　大沼貴之
発行所　株式会社 文藝春秋

東京都千代田区紀尾井町3-23　〒102-8008
TEL 03・3265・1211㈹
文藝春秋ホームページ　http://www.bunshun.co.jp

落丁、乱丁本は、お手数ですが小社製作部宛お送り下さい。送料小社負担でお取替致します。

印刷製本・TOPPAN

Printed in Japan
ISBN978-4-16-792222-1